GELBE SERIE *leicht gemacht*®

Herausgeber:
Professor Dr. Erik Hahn
Dr. jur. Dr. jur. h.c. Helwig

BGB

leicht gemacht

Erfolg bei BGB-Prüfungen: Eine Schulung für Jura- und Wirtschaftsstudenten

32. grundlegend neu überarbeitete Auflage

von

Richter Dr. Peter-Helge Hauptmann

begründet durch

Notar Dr. Heinz Nawratil

Ewald v. Kleist Verlag, Berlin

Besuchen Sie uns im Internet:
www.leicht-gemacht.de

Autoren und Verlag freuen sich über Ihre Anregungen

Umwelthinweis: Dieses Buch wurde
auf chlorfrei gebleichtem Papier gedruckt
Titelbild: plan B; Foto: Syda Production, Fotolia
Gestaltung: M. Haas, www.haas-satz.berlin; J. Ramminger
Druck & Verarbeitung: Druckerei Siepmann GmbH, Hamburg
leicht gemacht® ist ein eingetragenes Warenzeichen

Vorwort

In der Flut der einführenden Literatur hat sich dieses Buch in erstaunlicher Weise seinen **festen Platz** erworben. Generationen von Studierenden verschiedener Fachrichtungen an Universitäten und Hochschulen, aber auch Auszubildende und Anfänger verschiedener Berufe, haben sich mit Hilfe dieser lebendigen und zuverlässigen Einführung eine Grundlage im Verständnis des Faches, der Zusammenhänge und der Bedeutung angeeignet. Hätten sie alle nicht Erfolg in ihrem Lernstreben gehabt, wäre der Erfolg des Werkes nicht verständlich.

Bewährtes soll man **bewahren**. Teil des Erfolges war auch, dass die Autoren den gelungenen Wurf der Darstellung laufend aktualisiert, nicht aber grundlegend geändert haben. Dies gilt auch für die nun erforderliche Neuauflage. Der nach Generationswechsel neue Bearbeiter hat die Fortentwicklung der Rechtsprechung eingebracht und das Buch an zahlreichen Stellen weiterentwickelt.

Wir hoffen und wünschen, dass die 32. Neuauflage den **Erfolg** der Lernenden fortsetzen möge.

Autor, Herausgeber und Verlag danken aufmerksamen Lesern für die Hinweise und Anregungen, die uns jederzeit herzlich willkommen sind.

Die Herausgeber

Inhalt

Übersichten * Prüfschemata

I. Fundamentale Begriffe

Lektion 1: Das Herzstück des BGB

Wenn Sie dieses Buch durcharbeiten, sollten Sie grundsätzlich immer den BGB-Text als gedrucktes Buch neben sich liegen haben. Ha, denken Sie, Paragrafen finde ich doch viel schneller im Internet. Stimmt, allerdings ist das Internet zum Auffinden von Paragrafen erst für Fortgeschrittene sinnvoll. Zum einen können Umfang und Aufbau eines solch umfangreichen Gesetzes nur durch die konkrete Handhabung erfasst werden. Zum anderen dürfen in vielen Prüfungen nur Gesetze in Buchform benutzt werden, sodass die Gewöhnung daran sehr wichtig ist.

Leitsatz 1

Ziel Ihres BGB-Studiums

Das Ziel Ihres Studiums ist es, das Gesetz möglichst gut kennenzulernen. Dafür ist es unbedingt erforderlich, jeden zitierten **Paragrafen** sofort **nachzuschlagen** und genau zu lesen.

Ohne Gesetzestext ist die Lektüre dieses Buches sinnlos!

Das BGB und die anderen Rechtsgebiete

Das Bürgerliche Gesetzbuch erfordert ein gründliches Studium. Es ist nicht nur das wichtigste rechtliche Prüfungsgebiet, viele weitere Gesetze, etwa das Handelsgesetzbuch (HGB) oder das Sozialgesetzbuch (SGB), setzen die Kenntnis des BGB voraus.

Das zweitwichtigste Rechtsgebiet ist das Öffentliche Recht, dessen Schwerpunkt wiederum beim Verwaltungsrecht liegt. Das Öffentliche Recht regelt grundsätzlich die Beziehungen zwischen dem Bürger und einer hoheitlich handelnden Behörde, etwa bei einem Steuerbescheid. Hier wird etwas einseitig festgesetzt. Der Bürger kann nicht mitentscheiden. Die Behörde handelt gleichsam von oben herab. Im Gegensatz zum Privatrecht, das vorrangig die Rechtsverhältnisse der Bürger untereinander (Ebene der Gleichordnung) regelt, ist das wesentliche Kriterium des Öffentlichen Rechts also das Unterordnungsverhältnis Bürger - Staat.

Frage: Wenn eine Stadt ein neues Rathaus bauen will und deswegen mit einem Bauunternehmen die entsprechenden Verträge schließt, handelt es sich dann auch um Öffentliches Recht?

Nein, denn jetzt tritt die Stadt dem Unternehmensinhaber gegenüber wie eine Privatperson auf. Sie kann ihm nichts befehlen. Das Unternehmen bewirbt sich aus freien Stücken. Beide Partner verhandeln auf der Ebene der Gleichordnung. Wir merken uns also als vorläufige Faustregel, ohne auf Einzelfragen, z.B. den öffentlich-rechtlichen Vertrag, einzugehen, folgenden Leitsatz.

Leitsatz 2

Öffentliches Recht

Öffentliches Recht liegt überall dort vor, wo ein **Über- und Unterordnungsverhältnis** gegeben ist.

Das Öffentliche Recht besteht aus vielen zum Teil sehr unterschiedlichen Teilgebieten. Um Ihnen einen Überblick zu geben hier die wichtigsten:

- Gewerberecht
- Polizeirecht
- Baurecht
- Kommunalrecht
- Sozialrecht
- Staatsrecht
- Strafrecht (welches aber in der Regel gesondert behandelt wird)

Das Öffentliche Recht ist in einer Fülle von teils landes-, teils bundesrechtlichen Einzelgesetzen geregelt. Eine so intensive Kenntnis wie beim BGB wird in den Prüfungen bei diesen Gesetzen meist nicht verlangt.

Eine gewisse Bedeutung als Prüfungsfach hat ferner das bereits erwähnte Handelsgesetzbuch (HGB). Es enthält besondere Vorschriften für Kaufleute und ist grundsätzlich auch dem Zivilrecht zuzurechnen.

Zu den Begriffen:

- Privatrecht oder Zivilrecht bezeichnet den Gegensatz zum Öffentlichen Recht

- Bürgerliches Recht ist nur derjenige Teil des Zivilrechts, der für alle Bürger gilt. So umfasst es nicht das HGB, da dieses nur für Kaufleute Geltung hat.

In der Praxis werden die Begriffe „bürgerliches Recht", „Privatrecht" und „Zivilrecht" allerdings oft gleichbedeutend verwendet.

Aber zurück zur Bedeutung des BGB. Da dieses Gesetz das Zentralstück des deutschen Rechts darstellt, ist ohne gründliche BGB-Kenntnisse an ein Bestehen einer Zivilrechtsprüfung nicht zu denken. Wer dagegen das BGB gut beherrscht, kann sich gelegentlich ein Improvisieren bei den anderen juristischen Prüfungsfächern leisten.

Hin und wieder müssen in diesem Buch auch weitere juristische Gebiete angesprochen werden, die natürlich nicht ausgeführt werden können. Soweit diese für Ihr Studium relevant sind, kommen Sie nicht umhin, sich auch darüber zu informieren. Aus unserer GELBEN SERIE können sie dazu auf verschiedene Einstiegsbücher zurückgreifen. Zum Öffentlichen Recht finden Sie Staatsrecht – *leicht gemacht®* und Verwaltungsrecht – *leicht gemacht®*. Beim zivilen Verfahrensrecht hilft ZPO – *leicht gemacht®*. Das Handelsgesetzbuch wird im Erfolgsbuch HGB – *leicht gemacht®* dargestellt. Und wenn es zum Strafrecht kommt, vermittelt das Buch Strafrecht – *leicht gemacht®* die prüfungsrelevanten Grundlagen.

Schokolade kaufen ist komplizierter als man glaubt

Starten wir gleich mit Fall 1.

Fall 1

Frau X geht mit Hunger in einen Laden und verlangt eine Nilko-Nuss-Schokolade. Sie legt ihre Euro-Münzen passend auf den Ladentisch, steckt die Schokolade ein und verlässt das Geschäft wieder. Was hat sich juristisch ereignet? Ein Kaufvertrag, sonst nichts?

Das möchte man zwar zunächst glauben. Aber weit gefehlt! Es liegen drei Verträge vor, und zwar:

- ein Kaufvertrag
- ein Eigentumsübertragungs-(Übereignungs-)Vertrag hinsichtlich der Schokolade
- ein weiterer Eigentumsübertragungs-Vertrag hinsichtlich des Geldes

Lesen Sie jetzt bitte § 433 I 1 BGB, d.h. den 1. Satz von Abs. I des § 433, ferner § 433 II. Sie sehen: Der Gesetzgeber versteht unter einem Kaufvertrag nur die Verpflichtung für beide Seiten, das Eigentum an der Kaufsache und am Geld zu übertragen. Er ist also so etwas wie ein Vorabvertrag. An der Eigentümerstellung selber hat sich somit allein durch den Kaufvertrag noch nichts geändert.

Die Übertragung des Eigentums ist also zusätzlich erforderlich. Sie ist als eigener, völlig selbstständiger, abstrakter Vertrag konstruiert. Lesen Sie jetzt bitte § 929 S.1. Nebenbei: Wenn in Zukunft in diesem Buch ein § ohne Gesetzesangabe zitiert wird, so ist immer das BGB gemeint. § 929 sagt: Zur Eigentumsübertragung sind

- ein eigener Übereignungsvertrag und darüber hinaus
- die Übergabe der Sache

nötig.

Damit haben Sie bereits ein fundamentales Prinzip des BGB kennen gelernt, nämlich das Trennungs- und Abstraktionsprinzip. Nach diesem Prinzip trennt das BGB säuberlich zwischen dem Grundgeschäft, durch das sich jemand zu etwas verpflichtet, und der Erfüllung dieser Verpflichtung, die davon rechtlich losgelöst gesehen wird.

Das Verpflichtungsgeschäft ist der Grund (lat.: causa), warum die abstrakte Eigentumsübertragung vorgenommen wird. Der Übereignung könnte statt eines Kaufvertrages z.B. auch ein Schenkungs- oder Tauschvertrag als Kausalgeschäft zu Grunde liegen.

Leitsatz 3

Trennungsprinzip

Das BGB trennt zwischen **Verpflichtungsgeschäft**, auch genannt **Kausalgeschäft**, (z.B. Kaufvertrag) und **Verfügung** (z.B. Übereignung der Kaufsache).

Zurück zum Fall: Frau X hat mit ihrem Hunger auf Nilko-Schokolade also gleich drei Verträge geschlossen (und gehalten, was in konstruierten Rechtsfällen ja selten vorkommt).

Fall 2

Der Kunstliebhaber L kauft ein Gemälde, welches er aber erst später abholen möchte. Es wird daher zunächst nur der Kaufvertrag gem. § 433 geschlossen. Ein anderer Kunde K, der den Vorgang beobachtet hat, bietet daraufhin einen höheren Preis, und der Händler verkauft (§ 433) und übergibt (§ 929) nun das Bild auch gleich an K. Was kann der erste Käufer tun?

Der Verkäufer war noch Eigentümer, da er mit dem Kunden nur einen Verpflichtungsvertrag geschlossen hatte. Deshalb konnte er auf jeden Fall die Sache übereignen (§ 929). Auch ist der zweite Kaufvertrag (§ 433) voll gültig, weil dem Gesetz nicht zu entnehmen ist, dass man sich nicht zweimal zu der gleichen Leistung verpflichten darf.

Ergebnis: Der erste Kunde, unser Kunstliebhaber L, kann vom Händler zwar Schadensersatz wegen Verletzung der Pflichten aus dem ersten

Kaufvertrag verlangen, aber die Sache selbst, das schöne Gemälde, ist weg.

Sie sehen, dass es einen großen **Unterschied** macht, ob man schon über das Eigentum an der Sache verfügt hat, oder ob man sich dazu erst durch den Kaufvertrag verpflichtet hat.

Auf dieser simplen Unterscheidung beruht der **ganze Aufbau** des BGB. Bitte schlagen Sie das **Inhaltsverzeichnis** des Gesetzes auf und sehen Sie sich die Überschriften der fünf Bücher an, aus denen das BGB besteht. Schauen Sie bitte nach, in welchen Büchern die §§ 433 und 929 stehen. Sie sehen: Die Paragrafen stehen im **Schuldrecht** und im **Sachenrecht**, in den zwei wichtigsten Teilen des BGB. Halten Sie sich jetzt das Wesen eines Kaufvertrages bzw. eines Übereignungsvertrages vor Augen. Wenn Sie nun verallgemeinern, können Sie erraten, welche Arten von Rechtsbeziehungen in beiden Büchern geregelt sind. Im Grunde ist es ganz einfach:

- Wer mit einem anderen einen **schuldrechtlichen**, d.h. rein verpflichtenden Vertrag schließt, schafft dadurch rechtliche Beziehungen von **Person zu Person**.

- Wer mit seinem Partner dagegen einen **sachenrechtlichen** Vertrag (= dinglichen Vertrag) schließt, schafft dadurch rechtliche Beziehungen **Person – Sache**.

Bildlich ausgedrückt: Das juristische Ergebnis eines schuldrechtlichen Vertrages ist ein rechtliches Band zur Person des Vertragspartners. Das juristische Ergebnis eines sachenrechtlichen Vertrages ist ein rechtliches Band zu einer Sache. Zu betonen ist dabei der Begriff „juristisches Ergebnis", da sich der Vertragsabschluss selbst natürlich immer nur zwischen Menschen abspielt; redende Gegenstände gibt es nur im Märchen.

Hier einmal einen Blick über den Tellerrand. Frankreich etwa kennt eine solche Unterscheidung zwischen Kausal- und Verfügungsgeschäft nicht. Wer dort einen Picasso kauft, wird (prinzipiell) mit Abschluss des Kaufvertrages auch Eigentümer.

Zurück nach Deutschland: Der Partner des Kaufvertrages hat mithin nur **die Person** des Verkäufers „an der Leine". Erst der Partner des

Übereignungsvertrages hat die Kaufsache selbst „am Band"; sie kann ihm nicht mehr so leicht entzogen werden.

Ein dinglicher Vertrag wirkt daher immer auf die Rechtsverhältnisse einer Sache direkt ein, z.B. durch Übertragung des Eigentums (z.B. Übereignung der Schokolade) oder durch Belastung mit einem besonderen dinglichen Recht (z.B. Hypothek, Pfandrecht). Man bezeichnet daher die dinglichen Rechtsgeschäfte als Verfügungen im Gegensatz zu den Verpflichtungsgeschäften des Schuldrechts. Hierzu gleich ein allgemeiner Leitsatz.

Leitsatz 4

Verfügung

Eine Verfügung ist ein **Rechtsgeschäft**, das unmittelbar auf die Rechtslage eines Gegenstands einwirkt durch Aufhebung, Änderung oder Übertragung eines Rechts.

Was Sie sich vor allem merken müssen, ist die Tatsache, dass der abstrakte dingliche Vertrag und der kausale schuldrechtliche je ein rechtliches Eigenleben führen, auch wenn sie im täglichen Leben meist zugleich abgeschlossen und vom Laien nicht auseinander gehalten werden. Das nennt man Abstraktionsprinzip. Wir fassen in einem Leitsatz zusammen.

Leitsatz 5

Schuldrecht/Sachenrecht

Das **Schuldrecht** (2. Buch) enthält in aller Regel **Verpflichtungsgeschäfte**.

Das Resultat eines **schuldrechtlichen** Vertrages ist

- ein **Band Person – Person**

Das **Sachenrecht** (3. Buch) enthält nur abstrakte **Verfügungsgeschäfte**, welche grundsätzlich auf einem schuldrechtlichen Kausalgeschäft fußen.

Das Resultat eines **sachenrechtlichen** Vertrages ist

- ein **Band Person – Sache**

Bitte prägen Sie sich alle Leitsätze dieses Buches genau ein. Sie sind der Extrakt und müssen unbedingt beherrscht werden, zwar nicht auswendig, aber sinngemäß. Mithilfe der Leitsätze können Sie sich dann auch leicht die anderen Lehren einer Lektion ins Gedächtnis zurückrufen.

Die Technik des Gesetzgebers

Nach den angesprochenen schuld- und sachenrechtlichen Teilen folgen im BGB noch zwei Bücher: Familienrecht und Erbrecht. Die entsprechenden Grundlagen werden in den Lektionen 15 bis 17 vermittelt.

Bleibt uns nur hier noch das 1. Buch des BGB, der Allgemeine Teil. Wie schon der Name sagt, enthält er Grundsätze, die in allen Büchern des BGB Geltung haben, z.B. Definitionen für Begriffe (Sache, juristische Person usw.) oder allgemeine Regeln etwa über Willenserklärungen oder Vertragsschlüsse.

Diese Technik des Vor-die-Klammer-Ziehens von allgemein gültigen Grundsätzen ist für den Gesetzgeber eine große Hilfe, da sie ihm dauernde Wiederholungen erspart. Umgekehrt kann man auch schließen: Grundsätze, die in den Büchern 2 bis 5 niedergelegt sind, gelten nur in dem „Buch" des BGB, in welchem sie stehen. Jedes Buch ist im Grunde ein Gesetz für sich und steht nur deshalb gemeinsam mit den anderen im BGB, weil man sich dadurch die viermalige Wiederholung des Allgemeinen Teils erspart. Theoretisch könnte man also das BGB in vier separate Gesetze zerreißen, bloß müsste man dann bei jedem Gesetz den Allgemeinen Teil hinzufügen.

Aber keine Regel ohne Ausnahmen. Einige schuldrechtliche Bestimmungen gelten im ganzen BGB, z.B. Paragrafen wie § 242 (Treu und Glauben), § 276 (Verschulden) oder § 398 (Abtretung).

Und was ist, wenn sich im Allgemeinen Teil und in einem der anschließenden Bücher einmal unterschiedliche Vorschriften zum gleichen Sachverhalt finden? Ganz einfach und logisch: Enthalten die Bücher 2 bis 5 eine Regelung, die von einer vom Allgemeinen Teil (Buch 1) abweicht, so gilt diese als speziellere Vorschrift. Als speziellere Vorschrift geht sie dann vor, sie gilt also und die AT-Regelungen nicht.

Leitsatz 6

Aufbau des BGB

Allgemeiner Teil (Buch 1: §§ 1 - 240)	**Schuldrecht** (Buch 2: §§ 241 - 853)
	Sachenrecht (Buch 3: §§ 854 - 1296)
	Familienrecht (Buch 4: §§ 1297 - 1921)
	Erbrecht (Buch 5: §§ 1922 - 2385)

Fall 3

A und B haben einen Darlehensvertrag geschlossen, nachdem B das Darlehen nach einem Jahr zurückzahlen soll. Nach einem Jahr stundet A dem B die Schuld für weitere drei Monate, da B momentan nicht zahlen kann.

Sehen Sie im Gesetz nach, welche Verträge geschlossen worden sind: Zunächst gem. § 488 ein Darlehensvertrag (nicht zu verwechseln mit dem Sachdarlehen, § 607!). Dann natürlich der Vertrag über die Übereignung des Geldes. Richten Sie jetzt Ihr Augenmerk auf das Geschehnis nach einen Jahr: B hat immer noch kein Geld. Welcher Vertragstyp? Welcher Paragraf?

Bitte machen Sie sich zweierlei zur Angewohnheit: Wenn Sie einen Paragrafen im Gesetz lesen, so lesen Sie ihn langsam und beachten Sie jedes Wort. Soweit technisch möglich, lesen Sie laut! Außerdem ist es zweckmäßig, wenn Sie sich bei jedem Paragrafen, der Ihnen neu ist, im Gesetz ein Zeichen machen, etwa die Zahl der Bestimmung unterstreichen, hier z.B. § 488. Wenn Sie später etwas im Gesetz suchen, so springen Ihnen gleich die immer wiederkehrenden §§ ins Auge und Sie verschwenden keine Zeit mit dem Durchlesen seltener Vorschriften, die in der Prüfungspraxis nie vorkommen.

Aber weiter im Fall: Den Stundungsvertrag werden Sie im Gesetz nirgends finden. Das ist auch nicht nötig; denn es herrscht im BGB Vertragsfreiheit, d.h., man kann Verträge auch ohne eigene gesetzliche Ermächtigung schließen. § 311 drückt diesen Grundsatz indirekt aus.

Die Folge für unseren Fall ist, dass die Vereinbarung über die Stundung gem. § 311 I wirksam zu Stande gekommen ist.

Fall 4

A verkauft an B einen Gebrauchtwagen, den B auf einer Probefahrt inspiziert hat. Der Wagen wird verkauft, „wie gesehen"; wegen etwaiger Mängel übernimmt A „keine Gewähr".

Bitte lesen Sie nochmals § 311 I. Diese Bestimmung setzt, wie gesehen, die **Vertragsfreiheit** voraus. Man kann, wenn man nicht gerade **gegen** gesetzliche Verbote, zwingendes Recht oder die guten Sitten verstößt, Verträge **beliebigen Inhalts** abschließen.

Erlaubt ist also alles, was nicht ausdrücklich verboten ist. Jetzt lesen Sie bitte §§ 433 I 2, 434 I. Hiernach haftet der Verkäufer dem Käufer für Mängel an der Sache.

Frage: Konnte diese gesetzlich verankerte Mängelhaftung im Rahmen der Vertragsfreiheit ausgeschlossen werden?

Da der Formulierung des Gesetzes nicht zu entnehmen ist, dass eine von §§ 433 ff abweichende Vereinbarung verboten sein soll, war der im Vertrag abgemachte Haftungsausschluss **gültig**.

Aber **Achtung**: Wenn ein KFZ-Unternehmer (§ 14) einen Gebrauchtwagen verkauft (**Verbrauchsgüterkauf** nach §§ 13, 474), darf er nicht jegliche Haftung ausschließen, § 475 I.

Fall 5

Ein Ehepaar errichtet einen Ehevertrag, in welchen sie u.a. reinschreiben: „Wir wollen den anderen nicht vollständig binden. Jeder darf noch zwei weitere Ehen schließen." Nach einiger Zeit lernt ein Ehepartner eine jüngere Frau kennen und will diese heiraten. Darf er?

Bitte lesen Sie § 1306 BGB. Demnach ist die Doppelehe oder Vielehe verboten. Das Problem ist also, ob man auch diese Bestimmung vertraglich abändern kann. Bitte überlegen Sie. Wenn Sie das bisher Erlernte überdenken, können Sie die Frage ohne weiteres beantworten.

Die Antwort folgt aus dem **System** des BGB. Da alle allgemein gültigen BGB-Vorschriften im 1. Buch zusammengefasst sind, gelten die verbleibenden Vorschriften der anderen vier Bücher grundsätzlich immer im Rahmen des Buches, in dem sie stehen. Jedes Buch des BGB ist gewissermaßen ein Gesetz für sich und hat – abgesehen vom „Allgemeinen Teil“ – mit den anderen Büchern wenig gemeinsam.

Weiter: Das BGB geht stillschweigend vom Prinzip der Vertragsfreiheit aus; das ergibt sich auch indirekt aus § 311 I. In welchem Buch steht § 311?

Wie Sie sehen, im Buch **Schuldrecht**, § 1306 aber steht im **Familienrecht**. Da die Vertragsfreiheit des § 311 I aber im Schuldrecht und nicht im Allgemeinen Teil begründet ist, gilt sie nur im Schuldrecht. Im Familienrecht, das keine Vertragsfreiheit kennt, gilt daher der Satz, dass alle Verträge verboten sind, die der Gesetzgeber nicht ausdrücklich vorsieht.

§ 1306 ist daher nicht durch Vertrag abdingbar. **Ergebnis:** Keine zweite Hochzeit!

Originellerweise wird dies vom BGB **nicht** konsequent durchgezogen. Gem. § 1313, 1314 ist auch eine zweite Ehe wirksam, solange sie nicht auf Antrag durch Urteil des Familiengerichts aufgehoben wird. Wer also, etwa im Ausland, jemanden findet, der eine Doppelehe wirksam schließt, und einen ersten Ehepartner hat, der dies auch nicht beanstandet, der lebt erstmal wirksam in einer solchen Konstellation.

Sie finden das abwegig? Die eine oder andere Religion heißt die Vielehe gut.

Soweit also der **Fall 5** zum **Aufbau** des BGB. Aber wir müssen nochmals zur **Vertragsfreiheit** zurückkommen. Ist im Sachenrecht, Familienrecht und Erbrecht die Möglichkeit freier Vertragsformulierungen **wirklich** zu 100 % ausgeschlossen? Aber **nein**, einen sehr kleinen Spielraum gibt es doch. Die Vertragsfreiheit fußt auf der Verfassung und dort auf der allgemeinen Handlungsfreiheit des **Art. 2 Abs. 1 GG** und auf diese kann man sich auch in den genannten Rechtsgebieten berufen. Viele Notare arbeiten bei Eheverträgen **beispielsweise** mit Vorlagen, in denen die gesetzlichen Regelungen abgeändert und optimiert wurden.

Lektion 2: Unwirksame Willenserklärungen

Sie sollten es sich zur Gewohnheit machen, vor Beginn einer neuen Lektion die Leitsätze der vorhergehenden Lektion zu **wiederholen**. Da in diesem Buch eins auf dem anderen aufbaut, ist dies - leider - eine unumgängliche Notwendigkeit.

In dieser und der nächsten Lektion geht es sozusagen um die genaue **Anatomie einer Willenserklärung**. Wir untersuchen dabei in zwei Schritten zuerst hier die **unwirksamen** Willenserklärungen und dann unten die **anfechtbaren** Willenserklärungen.

Die Gerichte hatten einmal folgenden Fall zu entscheiden.

Fall 6

Zwei Personen hatten einen Vertrag geschlossen, in dem vereinbart worden war, dass die eine gegen Zahlung einer bestimmten Summe zur Religion des anderen übertreten sollte. Ist dieser Vertrag gültig?

Bitte lesen Sie § 138 I. Sittenwidrigkeit liegt vor bei einem Verstoß gegen das Anstandsgefühl aller recht und billig Denkenden. Stellt der erwähnte Vertrag einen solchen **Verstoß** dar?

Gefühlsmäßig wird man diese Frage wohl bejahen, denn es liegt zweifellos eine gewisse Schamlosigkeit darin, seinen Glauben gegen Geld verkaufen zu wollen. Auch die Gerichte teilten diesen Standpunkt. Sie erklärten den Religions-Wechsel-Vertrag **für** sittenwidrig und damit nichtig (§ 138 I), d.h. ein für allemal **unwirksam**.

Zusatzfrage: Wie ist es, wenn das **Geld** schon gezahlt worden ist? Wird auch das dingliche Geschäft von der Nichtigkeit erfasst?

Lesen Sie bitte § 138 II, den „**Wucher-Paragrafen**". Hier ist davon die Rede, dass das Versprechen und Gewähren, d.h. kausaler und abstrakter Vertrag, nichtig sein sollen. Da der Gesetzgeber hier die Nichtigkeit des dinglichen Geschäfts eigens betont, scheint er sonst von dem Grundsatz auszugehen, dass die Sittenwidrigkeit nur das Grundgeschäft, d.h. den schuldrechtlichen Vertrag erfasst. Damit haben wir den Beweis, dass bei § 138 I nur der schuldrechtliche Vertrag nichtig ist. Die Übereignung des Geldes ist daher zunächst **wirksam** geblieben, was die **Zusatzfragen** beantwortet.

Das Schicksal des Geldes als solches muss natürlich jetzt besonders geprüft werden. Das werden wir weiter unten prüfen.

Fall 7

Ein fünfjähriges Kind verkauft und übereignet seine Mütze für fünf Euro einem Fremden. Sind die Verträge gültig?

Da das Kind gem. § 104 Ziffer 1 geschäftsunfähig ist, sind gem. § 105 I alle seine Willenserklärungen nichtig. Da ein Vertrag aber zwei sich deckende Willenserklärungen voraussetzt, sind hier die drei infrage kommenden Verträge (ein Kauf, zwei Übereignungen) **nicht** wirksam zu Stande gekommen. §§ 107 ff gelten gem. § 106 nur für Kinder ab sieben Jahren.

Fall 8

Ein zehnjähriger Junge erwirbt ein Fahrrad und bleibt den Kaufpreis schuldig. Sind die Verträge gültig?

Bitte lesen Sie §§ 106, 107, 108 I.

Minderjährig ist man unter 18 Jahren, § 2. Unser Zehnjähriger war demnach gem. § 106 beschränkt geschäftsfähig, d.h., seine Willenserklärungen hängen ohne Zustimmung der Erziehungsberechtigten noch gleichsam in der Luft. Man spricht von **schwebender Unwirksamkeit**. Doch wir wollen genau sein! Wie aus § 107 zu entnehmen ist, gilt die Genehmigungspflicht nicht für Verträge, die dem Minderjährigen nur einen rechtlichen Vorteil – also keinen Nachteil – bringen. Von den zwei vorliegenden Verträgen (einmal § 433, einmal § 929) ist demnach nur der Kaufvertrag schwebend unwirksam. Der Eigentumserwerb am Fahrrad ist ein reiner Vorteil, sodass der Übereignungsvertrag auch ohne Genehmigung wirksam ist.

Der Verkäufer hat nun das Eigentum am Fahrrad verloren, während der Minderjährige den Kaufpreis bei Verweigerung der Zustimmung der Eltern nicht zahlen muss. Es tritt ein ähnliches Problem auf wie bei der Nichtigkeit (gem. § 138 I) des Grundgeschäfts. Ein Teil behält das Eigentum an einer Sache, die ihm im Grunde gar nicht zusteht. Solche Situationen sind eine notwendige Folge des oben kennengelernten **Trennungs- und Abstraktionsprinzips**.

Als **Lösung** dieser Probleme hat der Gesetzgeber die §§ 812 ff vorgesehen: Das nicht unbedeutende **Bereicherungsrecht** soll den Ausgleich herbeiführen. Lesen Sie bitte § 812 I. Das ist unser Fall. Der Junge aus Fall 8 muss also das Eigentum an dem Fahrrad „herausgeben", das er erlangt hat. § 812 verankert also nicht die Nichtigkeit des grundlosen Verfügungsvertrages, sondern er gewährt nur einen schuldrechtlichen Anspruch auf Rückgabe bzw. Rückübereignung.

Generell gesprochen, umschreiben §§ 812 ff die Fälle, in denen jemand etwas ohne rechtlichen Grund, d.h. ohne gültigen Kausalvertrag, erlangt hat. Dieses Etwas kann wie hier das Eigentum sein oder auch alle möglichen anderen Vorteile; z.B. kann die Bereicherung auch in der Befreiung von einer Schuld - die ohne Grund getilgt wurde - bestehen usw.

Die zu der Bereicherung führende Vermögensverschiebung muss im Übrigen unmittelbar vor sich gehen, d.h. das „Etwas", durch das der eine Teil bereichert wird, muss unmittelbar aus dem Vermögen des Entreicherten und nicht aus dem eines zwischengeschalteten Dritten kommen. Nur wenn ein und derselbe Vorgang Be- und Entreicherung hervorruft, ist die Bereicherung unmittelbar.

Da das Erfordernis der Unmittelbarkeit aus dem Gesetz nicht hervorgeht, ist es zweckmäßig, sich das Wort „unmittelbar", bei § 812 I im Gesetz zu vermerken.

Nicht überall ist es erlaubt, den eigenen Gesetzestext in markierter oder kommentierter Form in die Prüfung zu nehmen. Ggf. ist es sinnvoll, einen Text für die Lernphasen einzuarbeiten und für Prüfungen dann einen zweiten vorzuhalten.

Leitsatz 7

!

Bereicherungsrecht

Das Bereicherungsrecht **(§§ 812 – 822)** hat die **Rückabwicklung rechtsgrundloser Vermögensverschiebungen** zum Gegenstand. Es dient also dem Zweck, Bereicherungen, die ohne Rechtsgrund stattfanden, wieder umzukehren. Häufig erwachsen solche Situationen auf Grund des **Abstraktionsprinzips**, wenn die schuldrechtliche Komponente eines Geschäfts unwirksam ist und die sachenrechtliche Ebene angepasst werden muss. Die grundlegende Norm ist der **§ 812**.

Das Bereicherungsrecht gehört zu unseren kompliziertesten Rechtsgebieten überhaupt. Wenn aber ein Fall auf der **Bereicherungsebene** völlig **unkompliziert** ist, wie oben der Religions**fall 6**, dann kann man in der Regel einfach anmerken, dass das gezahlte Geld gem. Bereicherungsrecht (§§ 812 ff) zurückzuzahlen ist.

Fall 9

Ein zwölfjähriger Junge kauft ein Fahrrad. Den Kaufpreis von 60 € möchte er in wöchentlichen Raten von 5 € von seinem Taschengeld zahlen. Die erste Rate zahlt er sofort. Das Fahrrad nimmt er gleich mit und die Eltern gucken nicht schlecht. Sind die geschlossenen Verträge wirksam?

Bitte lesen Sie wieder **§§ 106, 107, 108 I, 812**.

Die Rechtslage ist also wie im Fall vorher: Nur die Übereignung des Fahrrads ist wirksam.

Sie meinen, Sie hätten einmal etwas von einem **Taschengeld-Paragrafen** gehört und würden deshalb für die Gültigkeit aller drei Verträge plädieren? Bitte lesen Sie § 110, das ist der Taschengeld-Paragraf. Beachten Sie die Stelle: „... mit Mitteln bewirkt". Diese Formulierung deutet grundsätzlich auf reine **Bargeschäfte** hin. Nur wenn der volle Preis gezahlt (bewirkt) ist, gelten gleich alle drei Geschäfte.

Ergebnis: Da dies hier nicht der Fall ist, bleibt der Kaufvertrag **schwebend unwirksam**. Wenn die Eltern die Genehmigung verweigern, ist er **endgültig** unwirksam. Rückabwicklung dann – wie gelernt – über das Bereicherungsrecht.

Fall 10

Wenn aber der Zwölfjährige alles so lange vor seinen Eltern verheimlicht, bis alle Raten aus seinem Taschengeld gezahlt wurden?

Vereinbart der **beschränkt Geschäftsfähige** eine Ratenzahlung, so liegt nach der letzten Rate ein Bewirken i.S.v. § 110 vor. Vorher bleibt der Kaufvertrag schwebend unwirksam.

So würde es aus Sicht des Jungens **hier** also gehen.

Leitsatz 8

Einwilligung und Genehmigung

Der Oberbegriff ist **Zustimmung** (§ 182)

- **Einwilligung** = vorherige Zustimmung (§ 183)
- **Genehmigung** = nachträgliche Zustimmung (§ 184)

Eselsbrücke: Auch im Alphabet steht E vor G.

Problematisch: Im Familienrecht (z.B. § 1643) und im Öffentlichen Recht hat „Genehmigung" eine andere Bedeutung und zwar die von „Erlaubnis".

Über die geschäftsunfähigen Erwachsenen lesen Sie bitte §§ 104 Ziff. 2 und 105a.

Abschließend noch eine Übersicht zur Rechtsstellung der Minderjährigen.

Übersicht 1: Vertragsschluss durch Minderjährige

Minderjährige unter 7	**Minderjährige ab 7**		
Verträge **nichtig**	Vertrag, der **nur rechtlichen Vorteil** bringt: → sofort vollgültig	Vertrag, der nicht nur rechtlichen Vorteil bringt → **schwebend unwirksam,** wenn ohne vorherige Zustimmung der Eltern	Vertrag, den der Minderjährige aus seinem **Taschengeld** bewirkt → wirksam

Lektion 3: Anfechtbare Willenserklärungen

Fall 11

Der Merkurmarkt möchte bei einem Großhändler 100 Radios bestellen. Der Inhaber vertut sich jedoch auf seinem Fax mit der konkreten Bestellnummer. Er schreibt die Nummer von Außenbordmotoren für Schlauchboote auf und erhält entsprechend 100 Bootsmotoren. Als die Bootsmotoren geliefert werden, bemerkt er seinen Fehler. Was tun?

Bei einem Fall, den Sie nicht von vornherein klar überblicken, müssen Sie sich überlegen, in welcher **Reihenfolge** Sie prüfen wollen. Der vorliegende Fall enthält offenbar zwei Probleme: **erstens**, ob ein Vertrag überhaupt zu Stande gekommen ist und **zweitens**, ob der Merkurmarkt, wenn dies zutrifft, irgendwie vom Vertrag loskommen kann.

1. Wir fangen also bei der Frage an, ob ein Kaufvertrag gültig zu Stande gekommen ist.

Wo werden Sie suchen?

Zunächst wohl unter §§ 433 ff. Hier jedoch steht noch nichts darüber, in welchem Moment der Vertrag perfekt ist. Sehen Sie jetzt in das Inhaltsverzeichnis des Gesetzes! Lesen Sie die Überschriften der ersten **sieben Abschnitte** des Buches „Schuldrecht“ und dann die vielen **Titel- und Untertitelüberschriften** des 8. Abschnitts.

Was fällt auf?

Während in den ersten sieben Abschnitten **allgemeine Vorschriften** für das Schuldrecht enthalten sind, befasst sich der große Abschnitt 8 mit **besonderen** einzelnen **Schuldverhältnissen** wie Kauf, Schenkung, Miete, Leihe usw. Also ist auch innerhalb des Schuldrechts die Unterteilung in **Allgemeinen Teil** und **besondere Vorschriften**, ebenso wie innerhalb des Gesamt-BGB, eingehalten.

Innerhalb des **besonderen Teils** des Schuldrechts (8. Abschnitt des 2. Buches des BGB) bildet **jeder Titel**, z.B. Kauf, eine Welt für sich und hat mit den anderen Titeln wie Schenkung, Miete usw. nichts zu tun.

Leitsatz 9

Buch des Schuldrechts

Auch das Buch des Schuldrechts (Buch 2: **Recht der Schuldverhältnisse**) teilt sich in

- **allgemeiner Teil** (Abschnitte 1 – 7)
- **besonderer Teil** (8. Abschnitt mit einer Aufsplittung in sehr vielen Titeln und Untertiteln, wie Kauf, Schenkung, Miete, Bauvertrag, Reisevertrag)

Zurück zum Fall! Als Nächstes empfiehlt es sich, unter §§ 320 ff zu suchen, da der Kauf ein gegenseitiger Vertrag ist.

Gegenseitige Verträge sind dann gegeben, wenn Leistung gegen Gegenleistung ausgetauscht wird. Typisches Beispiel des nicht-gegenseitigen Vertrages ist der (einseitig verpflichtende) Schenkungsvertrag gem. §§ 516, 518. Allerdings steht auch unter §§ 320 ff nicht das, was wir suchen. Auch in den anderen Abschnitten des Schuldrechts ist nichts über das allgemeine Zustandekommen von Verträgen zu finden. Nun muss im 1. Buch des BGB („Allgemeiner Teil") gesucht werden. Bitte lesen Sie die Überschriften der einzelnen Abschnitte. Am ehesten kommt der Abschnitt „Rechtsgeschäfte", und zwar in seinem Untertitel „Vertrag", infrage. Lesen Sie § 145.

Sie sehen, der Merkurmarkt ist an sein eigenes Vertragsangebot gebunden.

Liegt aber überhaupt ein wirksames Vertragsangebot vor, da der Inhaber doch eigentlich nicht die Bestellnummer der Bootsmotoren schreiben wollte?

Wenn man § 133 liest, könnte man fast daran zweifeln. § 133 spricht aber von der Auslegung von Willenserklärungen. Für eine Auslegung ist nur dort Raum, wo der Wortlaut unklar ist. Wenn er jedoch wie hier eindeutig ist (was ist klarer als eine sinnvolle Bestellnummer?), muss der Inhaber sein unmissverständliches Fax gegen sich gelten lassen.

Leitsatz 10

Verträge

Ein Vertrag kommt zu Stande, wenn **zwei** sich **deckende Willenserklärungen**, Angebot und dessen Annahme, abgegeben werden. Der Augenblick, in dem die einzelne Willenserklärung wirksam wird (ein oft sehr entscheidender Augenblick), ist in § 130 I bestimmt. Wenn sich die Willenserklärungen **nicht** decken, kommt ein Vertrag natürlich **nicht** zu Stande.

Im vorliegenden Fall ist mit Absenden der Ware (und damit Absenden der darin liegenden Annahmeerklärung) gem. § 151 (!) der Vertrag perfekt. Die erste Frage ist also geklärt.

Tipp: *Im Leben ist es ist immer sinnvoll Erklärungen doppelt abzusichern um Missverständnisse zu minimieren. Hätte der Inhaber doch „Radios" sicherheitshalber dazugeschrieben.*

2. Wir kommen damit zur zweiten Frage; nämlich, ob der Merkurmarkt von dem Vertrag irgendwie loskommen kann.

Überlegen Sie bitte: Ist es zweckmäßig, einen solchen Vertrag gelten zu lassen? Was spricht dafür, was dagegen?

Dagegen spricht sicher die unökonomische Güterverteilung und die Autonomie des Erklärenden (der etwas Falsches bekommt), die durch solche Zufälligkeiten entstehen kann. Andererseits müssen aber auch das Interesse des Geschäftsverkehrs und das Vertrauen auf eine eindeutig gehaltene Willenserklärung geschützt werden. Diese beiden Aspekte muss der Gesetzgeber gegeneinander abwägen. Das BGB hat einen vernünftigen Kompromiss gefunden: Der Vertrag ist zwar gültig, aber der Erklärer kann von ihm loskommen, wenn er bereit ist, den Schaden zu tragen, der durch Lösung des Vertrages dem Partner u.U. entsteht. Das gesetzestechnische Institut hierzu ist die Anfechtung der eigenen Willenserklärung.

Wo wird diese Anfechtung im Gesetz geregelt sein?

Wieder unter „Rechtsgeschäfte", diesmal aber bei §§ 116 ff, „Willenserklärung". Lesen Sie bitte § 119 I, zweite Alternative. Der Inhaber wollte gar keine Erklärung bezüglich der Bootsmotoren abgeben. Daher kann er seine Erklärung **anfechten**, falls er sie bei Kenntnis der Sachlage und bei verständiger Würdigung des Falles niemals abgegeben hätte (§ 119 I, Nachsatz), was hier wohl der Fall ist.

Gem. § 121 hat die Anfechtung **unverzüglich** zu erfolgen, mit dem Ergebnis, dass der Anfechtende dem Vertragsgegner u.U. gem. § 122 **Schadensersatz** leisten muss.

Die entscheidende wirtschaftliche Frage ist natürlich, in welcher **Höhe** hier Schadensersatz gem. § 122 zu leisten ist. Wenn der Ersatzberechtigte alles bekommen würde, was ihm nach dem angefochtenen Vertrag zustehen würde, wäre es ja kein Kompromiss. Also bekommt er **weniger**. Wie viel genau? Es ist zu fragen, wie der Ersatzberechtigte im Vergleich zur jetzigen Lage stünde, wenn er nicht auf die Wirksamkeit der Willenserklärung bzw. die Wirksamkeit des Rechtsgeschäfts vertraut hätte. Es ist also der **Vertrauensschaden** (ins Gesetz schreiben) zu ersetzen. Was könnte das sein? Etwa:

- Aufwendungen anlässlich des **Vertragsschlusses** (Kosten des Vertragsentwurfs, Rechtsberatungskosten, Fahrtkosten)
- Aufwendungen zur **Abwicklung** (Frachtkosten, Verpackungskosten, Kommunikationskosten)
- **Entgangener Gewinn** aus einem anderen entsprechend nicht erfolgten Geschäft

In unserem **Fall** also, z.B. wenn der Großhändler im Hinblick auf das angefochtene Geschäft andere Bootsmotor-Großkunden abgewiesen hat und nach der Anfechtung nicht mehr alle 10-PS-Antriebe verkaufen kann.

§ 142 I, eine etwas abgelegene Bestimmung, beschreibt das **Wesen der Anfechtung**. Diese vernichtet **rückwirkend** (lat.: **ex tunc**) die Willenserklärung des Anfechtenden und bringt dadurch den ganzen Vertrag zu Fall. Es ist damit also so, als wenn **nie** ein Vertrag geschlossen worden wäre. Gegenteil von ex tunc: **ex nunc** (ab jetzt, von nun an).

Hier nun ein kurzes, schon etwas vorausschauendes Prüfschema der Anfechtung.

Prüfschema 1: Anfechtung

a) Tatbestandsvoraussetzungen

I. **Anfechtbares Rechtsgeschäft**
(entsprechende Willenserklärung, z.B. nicht Blankounterschrift)

II. **Anfechtungsgrund**
§§ 119, 120, 123
(Irrtum, falsche Übermittlung, Täuschung / Drohung)

III. **Anfechtungserklärung**
§ 143 I (gegenüber dem Anfechtungsgegner)

IV. **Anfechtungsfrist**
§§ 121 (unverzüglich), 124 (binnen eines Jahres)

b) Rechtsfolgen

V. **Rechtsfolge Nichtigkeit**
§ 142 I (ex tunc = rückwirkend)

VI. **Schadensersatz**
§ 122
(nur Vertrauensschaden, nichts bei Täuschung / Drohung)

Ein Wort zu Prüfschemata als solche. In der Literatur gibt es sehr viele davon. Sie sind ein wunderbares logisches Zusammenbringen von Informationen, eine unübertreffliche Gedankenstütze. Das Problem liegt aber im Detail. Jedes Schema ist, je nach Autor, etwas anders gehalten. Es werden etwa andere Schwerpunkte gelegt oder sie sind mehr oder weniger detailliert. Sollte Ihr Dozent selber Prüfschemata verteilen, dann sollten Sie diesen sehr große Aufmerksamkeit widmen. Es scheint, als möchte er, dass seine Prüfungsfälle genau so durchgeprüft werden.

Zwischendurch eine kleine Übung: Sie haben jetzt einige neue Begriffe wie Willenserklärung, Rechtsgeschäft und Vertrag gelesen. Versuchen Sie erst, diese Fachausdrücke mit eigenen Worten zu umschreiben, dann lesen Sie gerne folgende Übersicht.

Übersicht 2: Willenserklärung, Rechtsgeschäft, Vertrag

Eine **Willenserklärung** ist eine auf

- einen rechtlichen **Erfolg** gerichtete menschliche **Willensäußerung**

  Beispiele: Das Angebot eines Verkäufers. Das „Ja" des Bräutigams auf dem Standesamt (§§ 1310 ff). Das Verfassen eines Testaments (§ 2231).

Als **Rechtsgeschäft** bezeichnet man grundsätzlich den

- aus einer oder mehreren privaten **Willenserklärungen** bestehenden **Tatbestand**, an den die Rechtsordnung den Eintritt des in der Willenserklärung bezeichneten **Erfolges** knüpft.

  Beispiele: Beim **Testament** besteht das Rechtsgeschäft aus **einer** einzigen **Willenserklärung**, während für die Wirksamkeit eines **Kaufgeschäftes** (§ 433) **zwei Erklärungen** – Angebot und Annahme – nötig sind.

Der **Vertrag** ist demnach

- eine **Unterart** des **Rechtsgeschäftes**. Ein gültiger Vertrag kommt zu Stande, wenn **zwei** sich **deckende Willenserklärungen** abgegeben werden (zweiseitig verpflichtender Vertrag).

  Beispiel: Bietet der Käufer für eine Ware z.B. **100 €**, der Verkäufer verlangt aber **110**, so decken sich die Erklärungen eben nicht und ein Kaufvertrag kommt **nicht** zu Stande.

Nun eine graphische Übersicht, um ein plastisches Bild von den dargestellten Rechtsgeschäften zu erhalten. Bekanntlich haben 80 % aller Menschen ein optisches Gedächtnis.

Übersicht 3: Rechtsgeschäfte

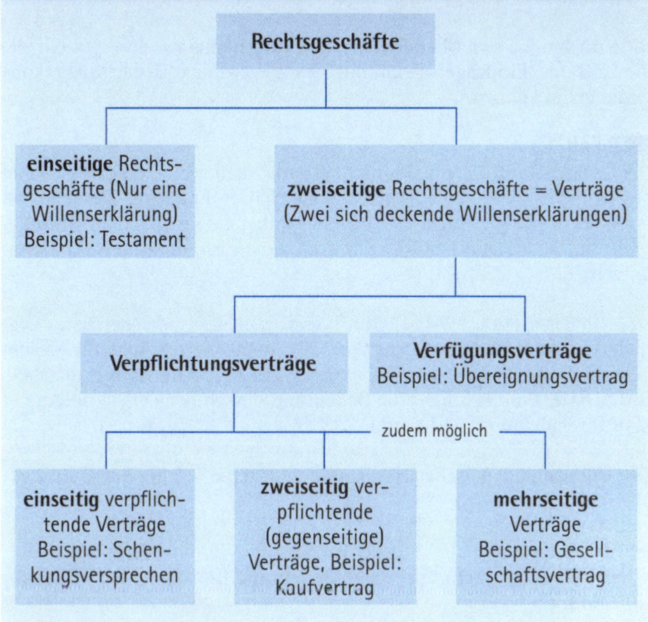

Der gegenseitige Vertrag gem. § 320 ff ist übrigens nur die praktisch wichtigste Form des zweiseitig verpflichtenden Vertrages. Andere zweiseitig verpflichtenden Verträge (z.B. Leihe) werden später noch dargestellt.

Ist Ihnen aufgefallen, dass zwei Begriffe in der Übersicht 3 sehr nah beieinander liegen?

- einseitige Rechtsgeschäfte
- einseitig verpflichtende Verträge

Haben Sie beide in der Übersicht gefunden? Sie werden gelegentlich verwechselt.

Bitte prägen Sie sich **Übersichten** und **Prüfschemata** ebenso gut ein wie die Leitsätze. **Einprägen** heißt, die Struktur aus dem Gedächtnis rekonstruieren zu können.

Fall 12

Der Schäfer S will die vom Wolfsrudel gerissenen zehn Tiere ersetzen und bestellt beim Tierhändler „fünf Dutzend" Schafe. Er dachte „Dutzend" sei ein Wort für Paar, tatsächlich ist Dutzend aber ein fast schon historisches Maß und bedeutet 12 Stück. Kann er seine Bestellung von 60 Tieren anfechten?

Der Fall des § 119 I, 2. Alternative (verschreiben, versprechen usw.) liegt nicht vor, da der Schäfer ja das Wort „Dutzend" bewusst und mit Absicht gebraucht hat. Es ist aber ein Fall des **§ 119 I, 1. Alternative**, gegeben. Der Schäfer war sich über die Bedeutung dessen, was er schrieb, nicht klar. Deshalb kann S anfechten.

Der Unterschied zwischen der 1. und 2. Alternative des § 119 I ist vor allem, dass:

- in der ersten Möglichkeit der Erklärende zwar die Worte kennt, die er gebraucht, **nicht** aber deren **Bedeutung** (Irrtum bei der **Willensbildung**).
- in der zweiten Möglichkeit der Erklärende aber die Worte, die er tatsächlich benutzt, gar **nicht benutzen** wollte (versprechen, verschreiben, vergreifen), also ein Irrtum bei der **Willensäußerung** vorliegt.

Es kann im Übrigen unterstellt werden, dass die Bestellung „bei **Kenntnis** der Lage und verständiger **Würdigung** des Falles" (§ 119 I, Nachsatz) unterblieben wäre. Nur bei Vorliegen dieses zusätzlichen Erfordernisses ist Anfechtung möglich.

Fall 13

Ein reicher Mensch verarmt. Ein alter Freund, der hiervon noch nichts weiß, gewährt ihm ein langfristiges Darlehen. Als er den Sachverhalt erfährt, ficht er den Darlehensvertrag an. Mit Erfolg?

Überlegen Sie bitte, welcher Anfechtungsgrund infrage kommt. Wohl am ehesten § 119 Abs. II, Irrtum über eine wesentliche Eigenschaft. Solche Eigenschaft in Bezug auf eine Sache sind alle wertbildenden Faktoren, wie z.B. Alter und Laufleistung eines Fahrzeugs. Wesentliche Eigenschaften in Bezug auf eine Person sind etwa Alter, Geschlecht, Beruf oder Ansehen. Die Kreditwürdigkeit einer Person ist beim Kreditgeschäft sehr wohl auch eine solche Eigenschaft. Der Darlehensgeber kann also anfechten, denn „bei Kenntnis der Sachlage" usw. hätte er das Darlehen nicht gegeben.

§ 119 II ist übrigens der einzige Fall, in welchem ein Irrtum im Motiv zur Anfechtung berechtigt. Sonstige Fälle des Motivirrtums sind daher immer unbeachtlich, z.B. Irrtum über den Marktpreis eines Gebetsteppichs (Anfechtbarkeit aber bei Irrtum über Echtheit oder Alter!) oder Fortbestehen der Beziehung bis zur gemeinsam gebuchten Reise.

Zwischenfrage: Wie steht es mit der Übereignung des Geldes (§ 929), wenn diese inzwischen erfolgt ist? Ist auch sie anfechtbar?

Bitte überlegen Sie, wie immer, erst selbstständig, bevor Sie weiterlesen.

Wie Sie wissen, führen schuldrechtlicher und sachenrechtlicher Vertrag ein Eigenleben. Wenn im schuldrechtlichen Vertrag der Wurm, sprich Irrtum sitzt, so ändert das nichts an der Wirksamkeit des dinglichen Geschäfts. Die Übereignung ist im gegebenen Fall fehlerlos zu Stande gekommen. Es ist nicht etwa so, dass der Fehler im Kausalvertrag auch noch den abstrakten Vertrag ansteckt wie ein fauler Apfel den anderen.

Der einzige Fall, in welchem die Anfechtbarkeit des Verpflichtungsgeschäfts grundsätzlich parallel geht mit der Anfechtbarkeit des abstrakten Verfügungsgeschäfts, ist § 123 (Anfechtung wegen Täuschung oder Drohung). Vielleicht vermerken Sie sich das ggf. bei § 123 im Gesetz.

Da im Falle des § 119 das abstrakte Geschäft trotz Fehlerhaftigkeit des Kausalgeschäfts gültig bleibt, greift wiederum das Bereicherungsrecht gem. §§ 812 ff ein.

Fall 14

Eine Studentin, die Modeschmuck liebt, geht zu einem Juwelier und sagt: „Ich möchte gerne eine elegante Halskette, aber nur aus Kunstperlen für

30 €." Der Besitzer antwortet: „Gerne, ich verkaufe Ihnen die gewünschte Kunstperlenkette." Der kurzsichtige Juwelier vergreift sich aber und gibt der Studierenden eine echte Perlenkette (Wert 300 €) mit. Wie steht es jetzt mit der Anfechtbarkeit?

Diesmal ist der Kaufvertrag gemäß § 433 einwandfrei zu Stande gekommen, da sich insoweit beide Willenserklärungen deckten. Dafür ist der dingliche Vertrag (§ 929) gem. § 119 Abs. I, zweite Alternative anfechtbar. Der Juwelier wollte gar nicht das übereignen, was er tatsächlich übereignet hat. Der objektive, für einen sachverständigen Dritten erkennbare Gehalt seiner Übereignungserklärung war: Ich übereigne diese 300 € Kette. Dieser äußere Erklärungsinhalt entsprach aber nicht seinem inneren Willen. Eine „Erklärung dieses Inhalts" wollte er „überhaupt nicht abgeben", § 119 I, zweite Alternative.

Hier ist also – umgekehrt als mehrfach bisher – das dingliche Geschäft anfechtbar und das vorgelagerte schuldrechtliche voll gültig.

Fall 15

Jemand unterschreibt unter Hypnose einen für ihn ungünstigen Vertrag. Oder: Jemand winkt in der Versteigerung einem Freund. Das Winken wird für ein Angebot gehalten und der Betreffende bekommt den Zuschlag (ein bekannter klassischer Fall). Sind der Hypnotisierte und der Winker an ihre „Erklärungen" gebunden?

Bitte überlegen Sie, wodurch sich diese Fälle vom vorhergehenden Fall unterscheiden!

In einem Hypnotisierten wird der eigene Wille durch einen fremden verdrängt. Der Hypnotisierte unterschreibt ohne eigene Steuerungsmöglichkeit, ihm fehlt der selbstständige Handlungswille.

Der Mann in der Versteigerung winkte zwar nicht reflexartig oder gar gegen seinen Willen, aber er wollte keineswegs eine rechtsgeschäftliche Erklärung abgeben. Ihm fehlt der rechtliche Erklärungswille.

Wenn, wie im Hypnosefall, gar kein Handlungswille vorliegt, ist der Fall klar: Die Erklärung ist gegenstandslos. Einer Anfechtung bedarf es nicht.

Ähnliches scheint auch für den Versteigerungsfall zu gelten. Hier ist zwar ein Handlungswille vorhanden, aber der Handelnde wollte keine rechtlich gezielte Willenserklärung abgeben. Es fehlt das **Erklärungsbewusstsein**. Nur wer bewusst am Verkehr (der Jurist meint damit immer den Rechtsverkehr, nicht den Straßenverkehr oder noch etwas anderes) teilnimmt, muss das Risiko tragen, dass sein Handeln falsch aufgefasst wird.

Damit sind wir bei der **Anatomie der Willenserklärung** angelangt. Wenn die Erklärung rechtliche Verbindlichkeit haben soll, ist äußerlich (objektive Seite) eine Erklärung und innerlich (subjektive Seite) ein doppelter Wille erforderlich, nämlich Handlungs- und Erklärungswille. Fehlt eines dieser Elemente, so liegt grundsätzlich keine Willenserklärung im Rechtssinne vor. Hierzu eine **Übersicht**.

Übersicht 4: Bestandteile der Willenserklärung

objektiver (äußerer) **Tatbestand** (Verkehrsschutzinteresse)	**subjektiver** (innerer) **Tatbestand** (Interesse an privatautonomer Gestaltung in Selbstbestimmung)
Äußerung	**Wille**
Verhalten (ausdrückliche oder konkludente Äußerung)	1. **Handlungswille** ▶ Bewusstsein zu handeln (fehlt bei Handlungen im Schlaf oder Reflex)
	2. **Erklärungswille** ▶ Bewusstsein, dass das Handeln irgendeine rechtserhebliche Erklärung darstellt
	3. **Geschäftswille** ▶ auf das Erreichen einer **bestimmten** Rechtsfolge gerichteter Wille

Jetzt aber zur **Lösung** des Wink-Falles. Eigentlich klar: Kein Erklärungswille – keine Willenserklärung. Aber die **Rechtsprechung** schränkt dies ein. Wenn der Empfänger das **Verhalten** des anderen als Erklärung **auffassen musste**, dann gilt es auch **ohne** Erklärungsbewusstsein als

Willenserklärung. Er kann also nicht sagen: „Habe ich nicht gewollt." Ihm hilft nur die Anfechtung.

Übersicht 5: Die drei Irrtumsfälle des § 119

Inhaltsirrtum § 119 I, 1. Alternative	**Erklärungsirrtum** § 119 I, 2. Alternative	**Eigenschaftsirrtum** § 119 II
Der Erklärende weiß, was er sagt, aber er weiß **nicht**, was das Gesagte bedeutet	Der Erklärende wollte das, was er sagt oder tut, gar **nicht** sagen oder tun	Der Erklärende weiß, was er sagt, aber er hat **falsche** Vorstellungen von verkehrswesentlichen Eigenschaften der betreffenden Sache oder Person
Die gewählten Worte usw. entsprechen dem Willen	Die gewählten Worte usw. entsprechen nicht dem Willen	Die gewählten Worte usw. entsprechen dem Willen
Beispiel: X glaubt, Dutzend bedeute 2	**Beispiele**: versprechen, verschreiben, vergreifen	**Beispiel**: Verkauf des Originals eines Gemäldes in dem Glauben, es sei eine Kopie

Ein Abstecher über die Vergesslichkeit

Fall 16

Ein KFZ-Meister vergisst seinem Kunden eine KFZ-Reparatur zu berechnen. Durch Zufall bemerkt er vier Jahre später das Versehen und verschickt die Rechnung. Muss der Kunde zahlen?

Sie ahnen schon, dass es hier um die Verjährung geht, § 194. Verjährung ist in der Praxis von sehr großer Bedeutung, kommt allerdings in Studienfällen selten vor. Der Grund? Wäre der Prüfungsfall verjährt, wäre alles schnell zu Ende und die anderen sorgsam vom Dozenten gestellten Probleme hinfällig. Daher schieben wir die Problematik hier nur kurz ein.

Die Verjährung gibt dem Schuldner trotz wirksamer Willenserklärungen ein Leistungsverweigerungsrecht (Einrede), § 214 I. In unserem Fall gilt die regelmäßige Verjährungsfrist von drei Jahren gem. § 195, da Sonderfälle nach §§ 196 oder 197 nicht ersichtlich sind. Zum Fristbeginn lesen Sie bitte § 199 I.

Ergebnis: Der Anspruch des KFZ-Meisters ist verjährt und der Kunde muss nicht zahlen.

Wir können damit die Ergebnisse der letzten beiden Lektionen zu den Willenserklärungen in einer Übersicht zusammenfassen:

Übersicht 6: Wirksamkeit der Willenserklärungen

- Ein **Vertrag** besteht aus (mindestens) zwei sich deckenden Willenserklärungen.
- Eine **Willenserklärung** ist nur dann rechtlich beachtlich, wenn der Erklärende einen natürlichen Handlungswillen hatte und darüber hinaus das Bewusstsein, eine rechtlich gezielte Erklärung abzugeben (Erklärungsbewusstsein). Eine entsprechend fehlerhafte Erklärung ist gleichsam überhaupt nicht geboren worden. Ausnahme: Der Andere musste das Verhalten als Willenserklärung verstehen.
- Eine **nichtige Willenserklärung** ist eine komplette Willenserklärung. Sie ist aber von der Entstehung an rechtlich unwirksam.
- Eine **schwebend unwirksame Willenserklärung** ist zunächst unwirksam; es kann ihr aber durch nachträgliche Zustimmung rückwirkend Leben eingehaucht werden. Im Falle der schwebend unwirksamen Erklärung eines Minderjährigen z.B. haben es die Eltern in der Hand, die Willenserklärung zu legalisieren oder unwirksam zu lassen.
- Eine **anfechtbare Willenserklärung** ist an sich wirksam, bloß durch Anfechtung vernichtbar. Der Anfechtungsberechtigte hat es in der Hand, ob er die Erklärung vernichten oder bestehen lassen will.
- Zusatzinfo: Bei einer **verjährten Forderung** kann der Schuldner die Leistung trotz wirksamer Willenserklärungen verweigern – wenn er will.

Nachdem Sie sich die Übersichten, Prüfschemata und Leitsätze dieser Lektion genauestens eingeprägt haben, **lesen** (und ggf. unterstreichen) Sie bitte aufmerksam die **folgenden Paragrafen**. Es sind z.T. Bestimmungen, die zwar in der Praxis öfters vorkommen, aber keiner so ausführlichen Erklärung bedürfen, wie die hier genauer abgehandelten Paragrafen: **§§ 111 – 113, 116 – 119, 121 – 124, 134, 138 – 144, 150, 812 – 818.**

Lektion 4: Der Eigentumserwerb

Eigentum an Grundstücken

Bevor Sie diese Lektion beginnen, wiederholen Sie bitte wieder den Stoff der vorherigen durch aufmerksames Studium der Leitsätze und Übersichten.

Vorab kurz zur Klärung der Begriffe: Der Ausdruck Gegenstand ist der Oberbegriff für Forderungen, sonstige Rechte und sonstige Vermögensbestandteile einerseits und Sachen, d.h. körperliche Gegenstände (§ 90) andererseits.

Sonstige Vermögensbestandteile sind z.B. der Kundenstamm eines Unternehmens. Tiere sind nach § 90a keine Sachen, werden aber wie solche behandelt. Zu den Begriffen eine kleine Übersicht.

Übersicht 7: Gegenstände

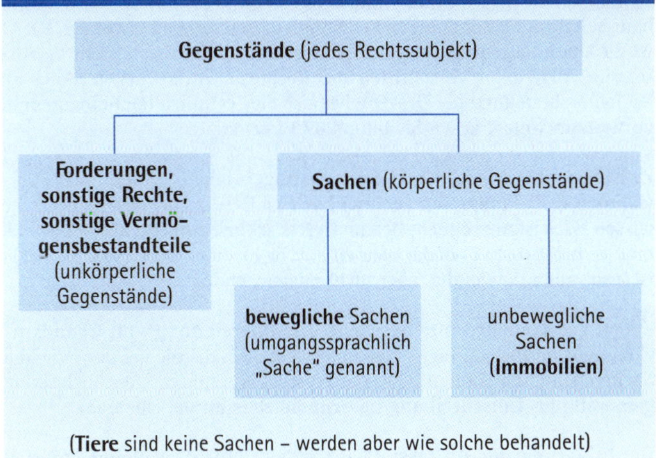

So viele Begriffe. Was halten Sie davon, wenn Sie sich Karteikarten anlegen und für jeden Begriff, den Sie hier im Band für wichtig halten, eine solche beschriften? Es heißt, dass das eigenständige Aufschreiben den größten Lernwert habe. Zudem können Sie auch immer dort nachschlagen und ggf. weiter entwickeln.

Fall 17

Ihnen gefällt ein schönes Grundstück in Ihrer Nähe mit Wasserblick, direkt in der Stadt und der Ihnen persönlich bekannte Eigentümer möchte es sogar preiswert verkaufen. Aber was müssen Sie jetzt rechtlich veranlassen?

Wie die Übereignung an beweglichen Sachen vor sich geht, nämlich durch Einigung und Übergabe (§ 929), ist bereits besprochen worden. Bei Grundstücken (Immobilien) ist die Eigentumsübertragung im Hinblick auf die Bedeutung aber etwas anders geregelt. Wo werden Sie im Gesetz suchen?

Die Übereignung von Grundstücken dürfte in der Nähe von § 929 geregelt sein. Lesen Sie bitte § 925 I 1 und § 925 II. Sie sehen: Diese Bestimmung baut bereits auf einer anderen Regelung auf und setzt diese voraus. § 873 ist die Grundlagenregelung für Grundstücksgeschäfte; sie steht im Abschnitt „Allgemeine Vorschriften über Rechte an Grundstücken". Auch im Sachenrecht benutzt der Gesetzgeber also die Technik allgemeine Regeln vorwegzunehmen. Lesen Sie bitte § 873 I genau.

Zwischendurch wieder eine Gewissensfrage: Haben Sie alle im Text erwähnten BGB-Paragrafen auch wirklich im Gesetz nachgeschlagen? Sie wissen ja, es ist unmöglich, sich im Gesetz schnell zurechtzufinden, wenn man es nicht immer wieder gelesen hat. Etwas über das Gesetz zu lesen, ist zwar auch notwendig, aber nicht ausreichend.

Zuerst zur sachenrechtlichen Seite. Die Übereignung von Grundstücken geht im Prinzip nicht viel anders vor sich, als die bei beweglichen Sachen: Dingliche Einigung (bei Grundstücksveräußerungen Auflassung genannt) plus Umschreibung im Grundbuch (statt der Übergabe).

Die Erklärung der Auflassung (§§ 873 I, 925 I) hat dabei notariell zu erfolgen (§§ 925a, 311 b I). Diese wird dann dem Grundbuchamt beim Amtsgericht zugeleitet, welches die Löschung des alten und die Eintragung des neuen Eigentümers vornimmt.

Leitsatz 11

Übereignung von Grundstücken

Die Übereignung bei Grundstücksgeschäften erfolgt in **zwei Schritten**.

- konkrete Erklärung (genannt **Auflassung**, notariell)
- **Eintragung** der Umschreibung im Grundbuch (statt Übergabe)

Beim Grundstücksgeschäft regeln §§ 873, 925 also die sachenrechtliche Seite.

Dem vorgelagert ist natürlich die schuldrechtliche Einigung. Hier liegt meist ein Kaufvertrag (§ 433) vor, der auch gem. § 311 b I bei Grundstücken notariell beurkundet werden muss. Aus naheliegenden praktischen Gründen werden schuldrechtliches und dingliches Geschäft gleich in ein und derselben notariellen Urkunde vorgenommen. Dies ist also der notarielle Grundstücksvertrag.

Tipp: *Wenn Sie einmal einen solchen notariellen Vertrag in die Hand bekommen, sollten Sie versuchen aus den vielen Bestimmungen zum Verkauf den kurzen Absatz mit der konkreten Auflassungserklärung herauszufiltern. Sie werden sehen: Mit sehr wenig Text lässt sich der Übergang eines Grundstücks veranlassen.*

Bei Grundstücksgeschäften sind also stets die §§ 433, 311b, 873, 925 zu beachten. Es ist zweckmäßig, sich diese Bestimmungen z.B. bei § 925 im Gesetz zu vermerken. Sie sparen mit solchen Verweisungen - besonders am Anfang - viel Zeit.

Bitte lesen Sie jetzt noch die §§ 906, 910 – 912, 917.

Zurück zum Fall. Ja, schnappen Sie sich den Eigentümer und gehen Sie mit ihm zum Notar zwecks Abschluss eines notariellen Kaufvertrages, natürlich gleich mit Auflassung. *(Also zumindest, wenn Sie es irgendwie finanzieren können.)*

Zusatzfrage: Ihr Freund hat ein Haus gekauft; im notariellen Vertrag ist aber nur die Rede vom „Grundstück Nr. ...“.

Er möchte wissen, ob der Notar nicht etwa das Haus vergessen hat?

Antwort: Nein, weil nach § 94 das Haus immer als Grundstücksbestandteil gilt. Ausnahmen ergeben sich nur aus dem Wohnungseigentumsgesetz und dem Erbbaurechtsgesetz, ferner aus § 95 (nur zum vorübergehenden Zweck verbunden).

Es geht auch ohne Reden!

Fall 18

In einer Gaststätte sind auf den Tischen Körbchen mit Brot aufgestellt. Wenn sich ein Gast bedient, dann muss er eine Brotpauschale zahlen. Was passiert rechtlich, wenn der Stammgast S kommt, Brot nimmt und verzehrt?

Während es beim Grundstückkaufvertrag also hohe formale Anforderungen gibt, sind wir hier am anderen Ende der Fahnenstange. Ein Vertragsschluss geht ohne Schriftliches, ja sogar ohne Worte.

Das Fachwort hierfür ist der konkludente Vertragsschluss. Allein durch schlüssiges Handeln, man kann auch sagen „schlüssiges Verhalten“ oder „eine sillschweigende Willenserklärung“ bringt jemand seinen Willen zum Ausdruck und der redliche Empfänger darf daraus auf einen Rechtsbindungswillen schließen.

So etwas gibt es häufiger als man anfangs denkt:

- Münzen auf den Tisch und Bildzeitung nehmen beim Kiosk

- Waren aufs Band legen und einscannen lassen im Supermarkt

- Einsteigen und Fahren in einem öffentlichen Verkehrsmittel

Leitsatz 12

Konkludentes Handeln

Konkludentes Handeln liegt vor, wenn jemand seinen Willen **stillschweigend** zum Ausdruck bringt und der redliche Empfänger hieraus auf einen Rechtsbindungswillen schließen darf.

Das Ergebnis ist also einfach. Durch das konkludente Handeln des Stammgastes kam es zum Vertragsschluss in Bezug auf Kauf- und Übereignungsvertrag. Der S muss also das Tischbrot bezahlen.

Besitz

Fall 19

Der Kunstliebhaber L aus Fall 2 will wieder einmal ein Gemälde kaufen. Da er es wegen der Größe wieder nicht gleich mitnehmen kann, möchte er sich dinglich sichern, um sich das Stück nicht wieder wegschnappen zu lassen. Was kann Herr L vereinbaren?

Bitte lesen Sie § 930. Bei der Übereignung kann also die Übergabe (die Einigung vollzieht sich auch jetzt nach § 929) durch die Übertragung des mittelbaren Besitzes ersetzt werden. Damit sind wir bei dem wichtigen Begriff Besitz angelangt. Zum vorgestellen Wort „mittelbaren" kommen wir dann unten.

Was ist überhaupt der Besitz im Sinne des BGB? Wo werden Sie etwas darüber finden?

Im Sachenrecht, und zwar am Anfang, da die Besitz-Definition für alle Abschnitte des Dritten Buches von Bedeutung ist. Bitte lesen Sie § 854, den ersten Paragrafen des Sachenrechts. Etwas genauer als § 854 definiert die Rechtslehre.

Dies gleich als Leitsatz.

Leitsatz 13

Definition Besitz

Besitz ist ein tatsächliches **Herrschaftsverhältnis**, getragen von einem natürlichen **Besitzwillen**, gerichtet auf eine gewisse **Dauer**.

Besser als lange Ableitungen machen uns einige Fallvarianten das Wesen des Besitzbegriffs des BGB (§§ 854, 856) klar.

Fall 20

X leiht dem Y sein Buch. Folge: X ist der Eigentümer, Y ist Besitzer.

Varianten:

Y stiehlt dem X ein Buch. Folge: X bleibt Eigentümer, Y wird Besitzer.

X verkauft und übergibt Y ein Buch. Folge: Eigentum und Besitz gehen auf Y über.

X verliert sein Taschenmesser, das später von Y gefunden wird. Folge: X behält das Eigentum, verliert aber den Besitz; bis zur Besitzergreifung durch Y ist das Messer ohne Besitzer.

Wie man sieht, ist der Besitz die tatsächliche, das Eigentum die rechtliche Herrschaft über die Sache. In der Umgangssprache wird das Wort „Besitz" auch gerne – juristisch unkorrekt – für Besitz und Eigentum zugleich verwendet.

Der oben erwähnte Besitzwille kann auch genereller Art sein. Wer z.B. an seiner Tür einen Hausbriefkasten anbringt, drückt damit seinen Besitzwillen bezüglich aller Gegenstände aus, die der Briefträger dort einwirft. Der Betreffende ist Besitzer, auch wenn er im Einzelfall nicht weiß, ob und was für Post im Kasten liegt.

Bitte lesen Sie jetzt die §§ 858, 859 I, II; 861 I, 862 I; dann 1006 I, 1007 I.

Sie sehen daraus: Auch der Besitzer ist vor Störungen geschützt. Zwar ist der Besitz etwas mehr Tatsächliches, kein eigentliches dingliches Recht wie Eigentum, Pfandrecht, Hypothek usw. und damit kein rechtliches Band Person – Sache. Man sagt aber, der Besitz sei in seiner juristischen Ausgestaltung einem **dinglichen Recht angenähert**.

Nachdem nun das Wesen des Besitzes klargestellt ist, kommen wir zur Konstellation des **Besitzmittlungsverhältnisses**. Einstiegsfrage: Wenn jemand seine Wohnung vermietet, verliert er dann seinen Besitz daran? Nein, er wird zum **mittelbaren** Besitzer, während der Mieter zum **unmittelbaren** Besitzer wird.

Bitte lesen Sie **§ 868**. Sein Inhalt ist, generell ausgedrückt, etwa der: Mittelbarer Besitzer ist, wer die **Sachherrschaft** (für die Dauer eines zeitlich begrenzten Rechtsverhältnisses wie z.B. Miete, Verwahrung) durch **einen anderen** ausübt, welcher die Sache in unmittelbarem Besitz hat.

Die **Sachherrschaft** des mittelbaren Besitzes besteht also in der **rechtlichen Macht**, die er über den unmittelbaren Besitzer hat.

Das Wesentliche an der **vergeistigten Sachherrschaft** des mittelbaren Besitzes ist, dass sich beide, d.h. mittelbarer und unmittelbarer Besitzer, einig sind, dass der unmittelbare Besitzer (auch **Besitzmittler** genannt) gleichsam nicht für sich selbst, sondern für den anderen besitzt. Der Besitzmittler muss wissen und anerkennen, dass er die Sache nicht in Ewigkeit behalten darf.

Sobald der **gute Wille** des Besitzmittlers **erlischt**, dieser beispielsweise beschließt, eine geliehene Sache für sich zu behalten und z.B. einem geliehenen Buch den eigenen Stempel aufdrückt bzw. es mit eigenem Namen signiert, erlischt auch der mittelbare Besitz, denn er beruht vor allem auf dem Willen des unmittelbaren Besitzers, für den anderen zu besitzen.

Damit sind wir nun endlich in der Lage, den Kunstliebhaber L aus unserem eingangs erwähnten **Fall** zu beraten, der das gekaufte Bild beim Händler lassen, aber trotzdem schon Eigentum erwerben wollte: L vollzieht die dingliche Einigung gem. § 929 und ersetzt die Übergabe des § 929 durch die **Vereinbarung** eines **Besitzmittlungsverhältnisses** gem. § 930 (868), d.h., er vereinbart mit dem Händler, dass das Gemälde seines ist und dass dieser es für ihn nur einstweilen aufbewahrt.

Fall 21

Der Fabrikant F schickt seinen Angestellten A mit einem Wagen des Betriebs zum Bahnhof. Ist F mittelbarer Besitzer des Autos?

An sich wäre A es, wenn hier nicht die Sonderbestimmung des § 855 gelten würde. Hiernach ist A nur Besitzdiener des F, eine Art „verlängerter Arm". Der Besitzherr F bleibt alleiniger und unmittelbarer Besitzer, A gilt nicht als Besitzer.

Als Beispiele für Besitzdiener kann man hier die Verwalter von Höfen (Gutsverwalter), vor Ort wohnende Hausmeister oder auch die Geschäftsführer von Restaurants nennen.

Wir können nun eine Zwischenbilanz ziehen mit einem Leitsatz.

Leitsatz 14

Besitz

- **Unmittelbarer Besitz** ist persönliche Ausübung der Sachherrschaft (etwa des Mieters)
- **Mittelbarer Besitz** ist gem. § 868 die Ausübung der Sachherrschaft mit Hilfe eines Besitzmittlers, der für die Dauer eines zeitlich begrenzten Sachverhalts unmittelbaren Besitz an der Sache hat (etwa des Vermieters durch den Mieter)
- Ein **Besitzdiener** ist sozusagen das Werkzeug in einem **Besitzdienerverhältnis**, also in dem im § 855 bezeichneten sozialen Abhängigkeitsverhältnis, mit dessen Hilfe der Besitzherr die tatsächliche Gewalt über die Sache ausübt.

Bitte lesen Sie jetzt noch die §§ 90a, 854–860, 865–869.

Gutgläubiger Erwerb

Fall 22

Wir wollen den Kunstliebhaberfall 2 fortspinnen: Nachdem L das Bild im Laden gekauft, es sich gem. § 930 gleich übereignen, aber noch im Geschäft hatte stehen lassen, kommt ein reicher Chinese vorbei. Er bietet für das Gemälde einen horrenden Preis. Der Verkäufer wird schwach; er verkauft und übereignet (§ 929) dem Kunden das Bild, ohne etwas von dem vorherigen Verkauf zu sagen. Hat L sein Eigentum verloren?

Bitte überlegen Sie, wie Sie als Gesetzgeber den Fall regeln würden!

Die alten Römer z.B. hielten starr an dem Satz fest: „Niemand kann mehr Recht übertragen, als er selbst hat." Der Händler konnte daher das ihm nicht mehr gehörende Bild nicht übereignen. Dies ist zwar logisch gedacht, aber nicht soziologisch. Halten Sie sich doch die soziale Wirklichkeit vor Augen! Der in der Praxis häufigste Fall ist, dass Besitz und Eigentum in einer Hand vereinigt sind. Der Besitz begründet einen Anschein, der normalerweise den Rückschluss auch auf das Eigentum erlaubt.

Ein Fremder kann da nicht lange Forschungen anstellen. Es ist eine große Erleichterung für den Geschäftsverkehr, wenn man sich generell auf den Schein des Besitzers verlassen kann. Wenn der Schein einmal nicht der Wirklichkeit entspricht, so ist es billiger, dass der Eigentümer, der die Sache einem Unzuverlässigen anvertraute, und nicht der nichtsahnende, gutgläubige Fremde den Ärger hat. Der Eigentümer hat es ja auch in der Hand. Will er dieses Risiko vermeiden, muss er einfach den Besitz behalten.

Die alten Germanen hatten in diesem Falle für den geprellten Eigentümer die tröstliche Redewendung: „Wo du deinen Glauben gelassen hast, dort sollst du ihn suchen."

Für unseren Fall würde das bedeuten: Der Kunstliebhaber L kann zwar jetzt nicht nur Schadensersatz vom Verkäufer verlangen, sondern ihn auch wegen Unterschlagung ins Gefängnis bringen, aber das Bild ist wieder weg. Der gute Glaube hat also die Kraft, das rechtliche Band zwischen dem wahren Eigentümer und der Sache zu zerreißen.

Falls der Chinese jedoch von der Übereignung an L wusste, verdient er keinen Schutz; er kann nicht Eigentümer werden. Das ist der Unterschied zu Fall 2, in welchem nur gekauft, aber noch nicht übereignet worden war. Dort hatte ja der zweite Käufer mit angesehen, dass das Bild an L verkauft worden war, sodass ihm der gute Glaube fehlte.

Wenn Sie jetzt §§ 1006, 932 lesen, so sehen Sie, dass die obigen Überlegungen ihren Niederschlag im BGB gefunden haben.

Fall 23

Wie wäre es, wenn im vorhergehenden **Fall** der Kunstliebhaber das Bild gleich mitgenommen und der Verkäufer es ihm aus seiner Wohnung **gestohlen** hätte? Wäre dann ein gutgläubiger Erwerb durch den Chinesen möglich gewesen?

Wie würden Sie als Gesetzgeber entscheiden?

In diesem Fall hätte L das Bild niemandem anvertraut; er bräuchte sich also nicht entgegenhalten zu lassen: „Wo du deinen Glauben gelassen hast ..." Das Interesse der Gesellschaft an der **Aufrechterhaltung der Eigentumsordnung** ist hier stärker als das am Schutz des reibungslosen Geschäftsverkehrs.

Bitte lesen Sie jetzt die **§§ 932** und **935**. Das BGB hat sich wieder in der vermuteten Richtung entschieden. **Abhanden gekommen** im Sinn von § 935 heißt übrigens:

- **unfreiwilliger** Verlust des unmittelbaren Besitzes

Ergebnis: An einem gestohlen Bild kann auch der reichste Chinese mit sehr gutem Glauben kein Eigentum erwerben.

Fall 24

Der 17-jährige Y hat ein Auto geerbt. Er verkauft und übergibt es an den Z. Dieser hält Y für volljährig. Hat Z gutgläubig das Eigentum gemäß § 932 erworben?

Natürlich **nicht**, denn § 932 schützt, wie gesagt, nur den guten Glauben an das Eigentum eines Nichteigentümers. Der „gute Glaube an die Volljährigkeit" ist nirgends geschützt. Es bleibt bei §§ 106, 107, 108 I.

Fall 25

A hat von seinem Bekannten B einen fast neuen Audi-PKW erworben. A glaubt fest an B's Eigentum. B hatte den PKW aber beim Audi-Händler auf Raten gekauft und noch nicht voll abgezahlt. Entsprechend galt noch der vereinbarte Eigentumsvorbehalt (§ 449). Bei der Übergabe erhält A den Audi selber, jedoch nur eine Kopie der Originalpapiere, da diese gerade verlegt seien. Ist § 932 erfüllt? Gutgläubiger Erwerb? Hat der KFZ-Händler sein Eigentum verloren?

Überdenken Sie noch einmal § 932 II! Angesichts der Handhabung im KFZ-Geschäft, wonach sehr viele PKW mit Finanzierung verkauft werden, muss man da nicht stutzig werden? Keine Originalpapiere? Bei Ratenverkäufen stehen die Fahrzeuge üblicherweise unter Eigentumsvorbehalt. Der Händler behält dafür die Papiere als Sicherheit ein. Wer unter solchen Umständen einen PKW erwirbt, der muss den Sachverhalt weiter aufklären, sich etwa die **Zahlung nachweisen** lassen. Man muss sich also vergewissern, dass das Objekt der Begierde nicht unter Eigentumsvorbehalt steht.

Wenn nicht, handelt man **grob fahrlässig** im Sinne von § 932 II und ist nicht mehr in gutem Glauben. Grobe Fahrlässigkeit **liegt vor**, wenn die im (Rechts-) Verkehr erforderliche Sorgfalt in ungewöhnlich hohem Maße vernachlässigt wurde.

Daher bleibt in unserem **Fall** der Audi-Händler doch Sieger also Eigentümer. *Also merke: Mit KFZ-Händlern ist nicht zu spaßen (beim gutgläubigen Erwerb).*

Fall 26

A ist durch ein Versehen im Grundbuch als Eigentümer eines fremden Grundstücks eingetragen worden. Er erfährt hiervon und übereignet nun das Grundstück an den gutgläubigen B, der auch eingetragen wird. Ist dieser Eigentümer?

Jawohl, und zwar nach §§ 925 I, 873 I, 892 I. So wie bei beweglichen Sachen der Besitz eine **Eigentumsvermutung** begründet (§ 1006 I 1), tut dies bei Immobilien die Grundbucheintragung (§ 891 I). § 892 ist also das Gegenstück zu § 932. Allerdings ist gem. § 892 der „Erwerb kraft **öffentlichen Glaubens**" nur bei positivem Wissen von der Nichtberechtigung ausgeschlossen und nicht schon bei grober Fahrlässigkeit. B ist also Eigentümer.

Fall 27

Klaus ist im Dorf bekannt dafür, dass er immer Schulden macht, aber dann auch bezahlt. A behauptet gegenüber B, dass Klaus bei ihm 1000 € Schulden habe. Er bietet diesem die Forderung für nur 700 € an, da er das Geld schnell bräuchte. B sagt zu und A verkauft ihm die Forderung (§ 433) und tritt sie ab (§ 398). Klaus hatte aber bei A keine Schulden. Hat B gutgläubig eine Forderung gegen Klaus erworben?

Unwillkürlich zweifelt man – zu Recht! Bei einer Forderung gibt es keine Scheinstellung, auf die man vertrauen könnte. Eine blanke Behauptung kann nicht genügen, auch wenn sie wahr wirkt. Bei Forderungen gibt es daher grundsätzlich keinen gutgläubigen Erwerb. Gemäß § 398 ist nur eine tatsächlich vorhandene Forderung übertragbar. B hat nichts erworben.

Nur § 405 würde ausnahmsweise einen gutgläubigen Forderungserwerb ermöglichen, wenn u.a. über die Forderung vom Schuldner eine besondere Urkunde ausgestellt worden wäre.

Die Forderungsabtretung (auch Zession genannt) gem. § 398 ist übrigens eine Ausnahme von der oben aufgestellten provisorischen Regel, dass die abstrakten Verfügungsgeschäfte sachenrechtlich sind. Das ändert allerdings nichts daran, dass in der Praxis die große Masse der Verfügungen dem Sachenrecht entstammt.

Der Rechtekauf ist in § 453 geregelt, bitte lesen!

Zu den Ausführungen in diesem Abschnitt (Stichwort: gutgläubiger Erwerb) hier eine Übersicht.

Übersicht 8: Erwerb vom Nichtberechtigten

	Grundsatz	Ausnahmen
bewegliche Sachen	**möglich**	**§ 932 II**: Kenntnis oder fahrlässige Unkenntnis der Nichtberechtigung **§ 935**: Abhanden gekommene Sachen
Immobilien	**möglich**	**§ 892**: Kenntnis der Nichtberechtigung
Forderungen	**unmöglich**	**§ 405**: Schuldurkunde

Alle drei Varianten können auch vom Scheinerben kraft **Erbscheins** erworben werden.

Und noch ein Blick über den Tellerrand ins **HGB**. Gem. § 366 I HGB ist auch der gute Glaube an die **Verfügungsvollmacht** des Kaufmanns bei Veräußerung im Betrieb des Handelsgewerbes geschützt. Wer also beim VW-Händler einen Golf mit der Info „wir verkaufen für den Eigentümer" kauft, kann sich auf die Verfügungsvollmacht verlassen. Er wird auch Golf-Eigentümer, wenn tatsächlich keine entsprechende Vollmacht vorliegt.

Lesen Sie jetzt folgende Bestimmungen: **§§ 883, 894, 899, 937, 958, 959, 984, 946–948, 950, 93–95**. Es sind durchweg sehr wichtige Bestimmungen, die Sie unbedingt einmal gelesen haben müssen.

Bevor Sie weiter lesen, sollten Sie sich **prüfen**. Haben Sie alle angeführten Paragrafen nachgeschlagen und alle an Sie gerichteten Fragen überdacht?

Sollte Ihnen etwas unklar geblieben sein, so machen Sie sich die **Mühe**, es noch einmal zu lesen. Es lohnt sich, denn in diesem Band baut eins auf dem anderen auf, und wenn Sie schon am Anfang eine Unklarheit bestehen lassen, werden Sie beim weiteren Lesen in immer mehr Unklarheiten hineingeraten. **Entschuldigen** Sie die häufigen „guten Ratschläge", aber erfahrungsgemäß werden sie ohne gelegentliche Wiederholung nicht beachtet.

Lektion 5: Verträge soll man halten

Fall 28

A verkauft seine Gitarre an B. Als B mit dem Geld kommt und sie abholen will, will A diese aber nicht mehr hergeben, da er sich neu in ihren Klang verliebt hat. Ist das ein Grund? Natürlich nicht. A muss die Gitarre herausgeben.

„Pacta sunt servanda", **Verträge soll man halten**, diese schlichte Weisheit war auch schon im alten Rom bekannt. Aber schon damals schien es damit nicht immer so recht geklappt zu haben. Heute ist es nicht viel besser. Was passiert, wenn ein Vertrag nicht eingehalten wird, wollen wir im Folgenden sehen.

Unmöglichkeit

Die **Unmöglichkeit** im Schuldrecht ist ein Rechtsgebiet, in welchem es von seltsam konstruierten Fällen nur so wimmelt. Beispiele: Jemand verkauf Mondgestein oder einen Ring, welcher dann auf den Grund des Sees fällt. Obgleich es in der Praxis wenig Bedeutung hat, wollen wir es nicht übergehen, da es prüfungsrelevant ist.

Leitsatz 15

Unmöglichkeit

Von Unmöglichkeit spricht man, wenn der Schuldner eine **Leistung** aus tatsächlichen oder aus rechtlichen Gründen dauerhaft oder endgültig **nicht** erbringen kann. Mit der Unmöglichkeit **erlischt** auch die Verpflichtung zur Leistung. Ggf. folgt aber eine Pflicht zum **Schadensersatz**.

Fall 29

X trifft Y abends nach Büroschluss auf der Straße und erzählt ihm, dass er seinen Hund verkaufen möchte. Y, der zufällig einen Hund braucht, kauft das Tier. X will den Hund am nächsten Tag zu Y bringen und übereignen. Ohne dass einer von beiden davon wusste, war aber das arme Tier mittags von einem Auto überfahren worden. Ist der Vertrag gültig?

Wenn Sie die Bestimmungen des BGB vorschriftsmäßig vom Kaufrecht in Richtung Allgemeiner Teil durchgehen, werden Sie nichts finden, was gegen die Gültigkeit des Vertrages spricht. § 311a I stellt dies sogar ausdrücklich klar. Also ist der Vertag aus dem **Fall** gültig.

Weiter: Die Erfüllung war von **Anfang** an **unmöglich**. Damit sind für X grundsätzlich **keine Verpflichtungen** entstanden, § 275 I.

Hat die Unmöglichkeit für X nicht doch noch irgendwelche **unangenehmen Folgen**?

Wenn Sie im Gesetz nachlesen, so sehen Sie Folgendes: X hat seine Lieferpflicht, § 433 I, nicht erfüllt und schuldet daher an sich **Schadensersatz** nach §§ 275 I, IV, 311a II 1. Wenn er aber beweist, dass er „**unschuldig**" ist, d.h. weder vorsätzlich noch fahrlässig gehandelt hat, § 276, haftet er nicht, § 311a II 2.

Das bedeutet für den **Fall**, dass X nur dann Schadensersatz leisten müsste, wenn er beim Vertragsabschluss von der Unmöglichkeit gewusst hätte. Da er hiervon nicht wusste, **haftet** er billigerweise **nicht**. Der Anspruch auf den Kaufpreis entfällt naturgemäß, § 326 I 1, und der Käufer kann vom Vertrag zurücktreten, § 326 V.

Fall 30

X verkauft (§ 433) dem Y seinen Waldi. Kurz nach dem Geschäft, noch bevor die für den nächsten Tag vereinbarte Übereignung (§ 929) erfolgen kann, wird der Hund durch Fahrlässigkeit des X fürchterlicherweise vom Zug überfahren. Wie ist die Rechtslage?

Zunächst ist festzustellen, dass es sich hier um eine **nachträgliche Unmöglichkeit** handelt, da sie nach Vertragsschluss eingetreten ist.

Diese hat X hier wegen seines **Verschuldens** zu vertreten, §§ 280 I, 276 II. Damit wird er **schadensersatzpflichtig** nach §§ 433 I, 275 I, IV, 283, 280 I, III, 276 II. Der Schaden des Y könnte z.B. darin liegen, dass er für einen ähnlichen Hund anderswo einen höheren Preis zahlen muss. Der Anspruch des X auf den Kaufpreis entfällt gem. § 326 I 1.

Notieren Sie am besten im Gesetz den § 326 bei § 275.

Fall 31

Noch einmal verkauft X seinen Vierbeiner an Y, aber diesmal ist es ein gestohlener Hund, was keiner wusste. Der ermittelte Eigentümer ist aber jetzt bereit, den Hund abzugeben, verlangt aber den zwanzigfachen Marktpreis (angeblich liebt er das Tier so sehr). Muss X auf dieses Angebot eingehen, um den Hund für Y zu beschaffen?

Wir haben hier den Fall der faktischen bzw. praktischen Unmöglichkeit, § 275 II. Im gegebenen Fall muss der unwissende X fairerweise nicht bluten. Zwanzigmal den Marktpreis ist wirklich zu viel. Was würden Sie entscheiden, wenn der liebende Eigentümer nur den dreifachen Preis wünscht? Nicht unmöglich, also möglich, der Vertrag muss erfüllt werden?

Aber Sie sehen schon: Je nach Fahrlässigkeit des Verkäufers und Größe seines Aufwands kann er sehr schnell „dran sein". Ein beliebtes Lehrbeispiel ist auch der verkaufte Ring, der in einen See fällt. Schöne Abwägungsfragen, jeder der Klausurfälle stellen darf, kann seiner Phantasie freien Lauf lassen, daher klausurverdächtig.

Wollen Sie hieran einmal eine kurze Klausurlösung mit eleganter Abwägung schriftlich üben?

Zum Thema Schadensersatz lesen Sie jetzt bitte noch §§ 249 bis 254. Sie sind von praktischer Bedeutung, aber auch ohne Erklärung verständlich.

Leitsatz 16

Systematik Unmöglichkeit

Die Systematik der Unmöglichkeit ist gar **nicht** so **schwer**, wenn Sie sich merken, dass es bei der **Haftung** des Schuldners, wie überall im BGB, grundsätzlich auf das Verschulden ankommt (§ 276).

- Bei der **anfänglichen Unmöglichkeit** nach § 311a II wird dem Schuldner das Versprechen der unmöglichen Leistung vorgehalten.
- Gegenstand der **nachträglichen Unmöglichkeit** nach §§ 280 I, III, 283 ist der Vorwurf, dass der Schuldner die Unmöglichkeit zu vertreten hat.

In beiden Fälle gilt aber: **Kein** Verschulden→ **keine** Haftung, **kein** Schadensersatz.

Und der Mondgesteinsfall aus der Einleitung? Den kann man so nicht entscheiden. Es fehlt Sachverhalt. Kann man Mondgestein (bei eBay?) kaufen, wenn ja, wie teuer? Welcher Verkaufspreis wurde vereinbart?

Basteln Sie sich um das beliebte Stichwort herum ihren eigenen Fall und lösen ihn dann.

Gattungsschuld, Sachmängel, Verzug

Fall 32

Der Hobby-Hundezüchter X verkauft Y telefonisch „ein Pudelpärchen". Bevor Y die Tiere abholen kann, verbrennt der ganze Zwinger von X. Wie unterscheidet sich dieser Fall von den anderen?

Im Unterschied zu den Fällen vorher sind hier die einzelnen geschuldeten Stücke noch nicht festgelegt (**Stückschuld**), sondern sie sind nur der Art nach bestimmt worden (**Gattungsschuld**), § 243.

Weiter: Liegt ein Fall der **Unmöglichkeit** vor?

Nein, X könnte ja jederzeit andere Pudel kaufen und mit diesen seine Pflicht erfüllen. Auch ist ihm dieser Aufwand zumutbar, § 275 II 1. An den beiderseitigen Pflichten aus § 433 ändert sich also nichts. Dies sagt an sich schon die Logik.

Fall 33

Wie im **Fall 32** hat sich X zur Lieferung von zwei Pudeln verpflichtet, doch diesmal mit dem Zusatz „aus meinem Zwinger".

Wenn jetzt der Zwinger vernichtet wird, ist der Fall abzuwickeln wie normale nachträgliche Unmöglichkeit, denn jetzt handelt es sich um eine **beschränkte Gattungsschuld** (auch Vorratsschuld genannt).

Hieraus sehen wir wieder den Unterschied zwischen **Gattungsschuld** und **Stückschuld** (lateinisch: genus- und species-Schuld).

Leitsatz 17

Stückschuld/Gattungsschuld

- bei der **Stückschuld** wird ein individuell bestimmter Gegenstand geschuldet
- bei der **Gattungsschuld** werden nur Gegenstände von bestimmter Art in mittlerer Güte (§ 243) geschuldet

Eigentlich klar: Wenn bei der beschränkten Gattungsschuld (Vorratsschuld) der ganze Vorrat oder bei der unbeschränkten Gattungsschuld die ganze Gattung untergeht, so steht dies dem Untergang des geschuldeten Stücks bei der Stückschuld gleich.

Im gegebenen Fall liegt, wie gesagt, nachträgliche Unmöglichkeit vor, § 275 I.

Fall 34

Wieder verkauft X seinen Kläffer an Y. Bei der Übereignung ist das Tier jedoch schwer krank. Nachdem Geld und Hund den Besitzer gewechselt haben, bemerkt Y die Krankheit. Was kann er tun?

Wo werden Sie im Gesetz suchen?

Zunächst wieder im Kaufrecht. § 437 regelt unseren Fall. Es liegt ein Sachmangel i.S. von § 434 (§ 433 I 2) vor.

Unmöglichkeit ist nicht gegeben, da der Hund ja geliefert wurde.

Ein Mangel ist vor allem die für den Käufer ungünstige Abweichung einer Sache von der Beschaffenheit, die die Parteien bei Vertragsabschluss vereinbaren bzw. voraussetzen.

Da der Verkäufer gem. § 437 (auch ohne Verschulden!) für Sachmängel haftet, kann Y Nacherfüllung, Herabsetzung (Minderung) des Kaufpreises, Rückgängigmachung des Kaufvertrags (Rücktritt) oder und in bestimmten Fällen Schadensersatz verlangen.

Das ist eine Aufzählung, die man sich nochmals auf der Zunge zergehen lassen muss.

Leitsatz 18

Sachmängelhaftung gem. § 437

- **Nacherfüllung** (Beseitigung des Mangels oder Lieferung mangelfreier Sache)
- **Minderung** (etwas Geld zurück)
- **Rücktritt** (Sache zurück, Geld zurück)
- **Schadensersatz** (in bestimmten Fällen z.B. Verzugszinsen)

Einen weiteren Aspekt erarbeiten Sie sich selber: Lesen Sie bitte **§ 435** (**Rechtsmangel**) und nennen Sie Beispiele für Rechtsmängel.

Nun, schon aus § 435 Satz 2 kann man schlussfolgern, dass (unbekannte) Hypotheken und andere im Grundbuch eingetragene Belastungen **Rechtsmängel** des Grundstücks sind. Auch auftauchende Vermietungen (Miete wird durch Verkauf nicht gebrochen, § 566) oder Verpfändungen wären hier zu nennen.

- **Rechts-und Sachmängel** werden im Gesetz **gleich** behandelt.

Fall 35

Abermals verkauft und übereignet X sein Haustier dem Y. Diesmal **versichert** er dem Y ausdrücklich, er garantiere für die Stubenreinheit des jungen Tieres. Sobald aber Y den Hund in seine gute Stube bringt, ist auch schon der Teppich nass. Welche Rechte hat Y jetzt?

Wenn ein junger Hund nicht stubenrein ist, so ist das zwar noch kein Fehler. Da aber im gegebenen Fall X die Stubenreinheit **garantierte**, kann ihn der Käufer über §§ 443 (477) haftbar machen wie bei einem normalen Sachmangel.

Die Besonderheit des Falls: Wegen seiner Beschaffenheitsgarantie ist X immer auch **schadensersatzpflichtig** (hier für den Teppich), was beim sonstigen Sachmangel nur bei Verschulden der Fall wäre, §§ 434, 437 Ziff. 3, 440, 280 I, 281.

Der **§ 276 I 1** (Verschuldens-Paragraf) erwähnt die Garantie ausdrücklich als besonderen Fall des Vertretenmüssens.

Zur Frage des Vertretenmüssens hier ein Leitsatz.

Leitsatz 19

Maßstab des Vertretenmüssens (§ 276)

Gesetzlicher Regelfall

- Vorsatz / Fahrlässigkeit

Gesetzliche Änderung des Haftungsmaßstabs (**Verschärfung** oder **Milderung**)

- z.B. § 277 (Sorgfalt in eigenen Angelegenheiten), § 287 S. 2 (Zufall und Verzug)

Vertragliche Änderung des Haftungsmaßstabs

- z.B. durch Übernahme einer **Garantie**

Fall 36

Wie wäre es, wenn im Fall 32 der X beim Verkauf nur gesagt hätte: „Ein schönes Tier, stubenrein und gesund"?

Das wäre noch keine Garantie im Sinne von § 443. Diese Bestimmung verlangt nach der Rechtsprechung eine ausdrückliche Zusicherung. Eine beiläufige Anpreisung genügt nicht. So eine ausdrückliche Zusicherung kann in einer Erklärung beim Kauf, aber auch (etwa bei Fachmärkten) in der einschlägigen begleitenden Werbung erfolgen.

Schreiben Sie sich „ausdrücklich" ins Gesetz.

Mit der Fragestellung „ausdrückliche Zusicherung oder nicht" haben wir wieder eine schöne Abwägungsmöglichkeit, von der Sorte, die gerne auch in Fallstellungen einfließt. Klausuralarm!

Ergebnis im Fall: Keine Garantieübernahme des Verkäufers und damit keine Haftung.

Fall 37

X verkauft Y seinen Boxer „Helmut", bringt ihm dann aber irrtümlich den Boxer „Gerhard" ins Haus. Was für ein Sachmangel liegt jetzt vor?

Bitte überlegen Sie!

Geschuldet wurde ein individuell bestimmtes Stück (Stückschuld). Dieses wurde nicht geliefert. Damit liegt an sich **kein Mangel** vor, vielmehr wurde **nicht erfüllt**.

Nach § 434 III aber ist diese **Falschlieferung** wie ein **Sachmangel** zu behandeln. Y aus dem **Fall** hat also die normalen Ansprüche aus § 437 (Nacherfüllung, Rücktritt, Minderung, Schadensersatz).

Ähnlich wäre es, wenn X statt zehn bestellter Terrier zehn Dackel geliefert hätte usw. Man spricht hier auch von einer **aliud-Lieferung**.

Fall 38

X verkauft Y seinen Mops und verspricht ausdrücklich, ihn am folgenden Tag zu übereignen. Aus Nachlässigkeit bringt er ihn aber nicht rechtzeitig. Y, der den Hund vorteilhaft an seine gerade auf Besuch befindliche Tante weiterverkaufen wollte, entgeht ein Gewinn. Die Tante ist abgereist und sonst will niemand mehr etwas von dem Mops wissen. Welche Rechte hat Y jetzt?

Vorweg ist festzustellen, dass X mit seiner Leistung im **Verzug** war. Verzug ist schuldhafte Nichtleistung trotz

- **Fälligkeit** und **Mahnung** (§§ 286 I, 287)
- **kalendarischer** Leistungszeitvereinbarung (§ 286 II)
- **Rechnungsstellung** (§ 286 III).

Eine Mahnung war hier gemäß § 286 II 1 entbehrlich, da für die Leistung ein **fester Tag** (der folgende Tag) vereinbart war.

Der durch den Verzug entstandene **Schaden** (hier: entgangener Gewinn, §§ 249, 252) muss gemäß §§ 280 I, II, 276 I, II, 286 ersetzt werden. Daneben kann Y auf Leistung dringen.

Im vorliegenden Fall ist allerdings anzunehmen, dass Y an dem Geschäft kein Interesse mehr hat, sodass er gem. §§ 280 III, 281 I 1, II (zweite Alternative), IV „**Schadensersatz statt Leistung**“ verlangen wird.

Bitte lesen Sie hier wieder alle zitierten Paragrafen noch einmal langsam und „andächtig“!

Es gibt auch **Schadensersatz neben Leistung**, z.B. wenn der verkaufte tollwütige Hund (Mangel) den Erwerber verletzt. Diese Situation wird unter dem Stichwort **Mangelfolgeschaden** diskutiert. Wenn man diesen Begriff aufnimmt, kommt man zu einer übersichtlichen Einteilung:

- **Mangelschaden**
- **Mangelfolgeschaden**
- **Folgeschaden** ohne Mangel

Fall 39

Wieder ein Hundeverkauf. Wieder die Vereinbarung eines konkreten Tags als Lieferung. Diesmal weigert sich Y aber die von X rechtzeitig angebotene Hundelieferung (Leistung) anzunehmen. Rechtslage?

Bitte suchen Sie, wie immer, im Gesetz!

Gem. §§ 293 ff liegt **Gläubigerverzug** (= **Annahmeverzug**) vor. X kann gem. § 304 Ersatz seiner **Mehraufwendungen** verlangen und dann, da ein Hund nicht hinterlegungsfähig ist (§ 372 S.1), gem. § 383 zum Selbsthilfeverkauf schreiten. X kann den Erlös dann einbehalten und mit seiner Kaufpreisforderung gegen den Anspruch des Y auf den Erlös **aufrechnen** (§ 387).

Bitte vermerken Sie jetzt § 383 bei § 304 im Gesetz.

In Fällen, wo die Aufrechnung nicht sinnvoll ist, kann der Erlös aus dem Selbsthilfeverkauf auch bei Gericht **hinterlegt** werden, was zum Erlöschen der Schuld führt §§ 378, 362.

Fall 40

Der verkaufte Wächter des Hauses ist – wie im **Fall 34** oben – bei der Übereignung schwer krank, was sich kurz danach rausstellt. Die Käuferin hat ihn aber so ins Herz geschlossen, dass sie ihn auf jeden Fall durchbringen und behalten möchte. Was tun?

Nach §§ 437 Ziff. 1, 439 I (erste Alternative) wird sie **Nacherfüllung** in Form der „Beseitigung des Mangels" verlangen, d.h. hier tierärztliche Behandlung, die dann der Veräußerer zahlen muss, § 439 II, selbst wenn sie sehr teuer ist (§ 251 II 2). **Rücktritt** vom Vertrag oder **Minderung** des Kaufpreises wären natürlich auch möglich.

Dem Begriff der **Nacherfüllung** in Form von **Nachbesserung** und **Nachlieferung** begegnen wir übrigens auch im **Werkvertragsrecht**, § 635. Im Gegensatz zum Käufer darf dort aber der Werkunternehmer über die Art der Nacherfüllung **entscheiden**.

Im Übrigen lesen Sie bitte §§ 435, 444 und dann 446, 447 (der **Versendungskauf** wird gern geprüft). Die **Verzugszinsen** definieren §§ 288, 247.

Nach allem Gesagten eine **Übersicht** der verschiedenen Rechte des Käufers bei den Mängeln an der Sache.

Übersicht 9: Rechte des Käufers bei Sachmängeln

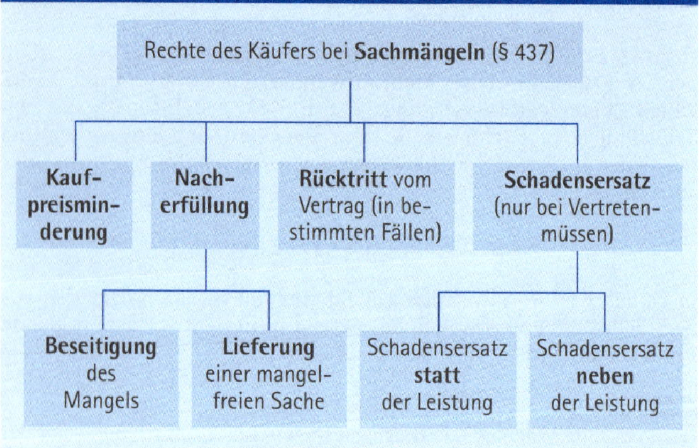

Zu den Kaufrechtsfällen nun ein kleines **Prüfschema**, welches mit der mittigen Frage „Wurde geliefert?" beginnt.

Prüfschema 2: Kaufrechtsfälle

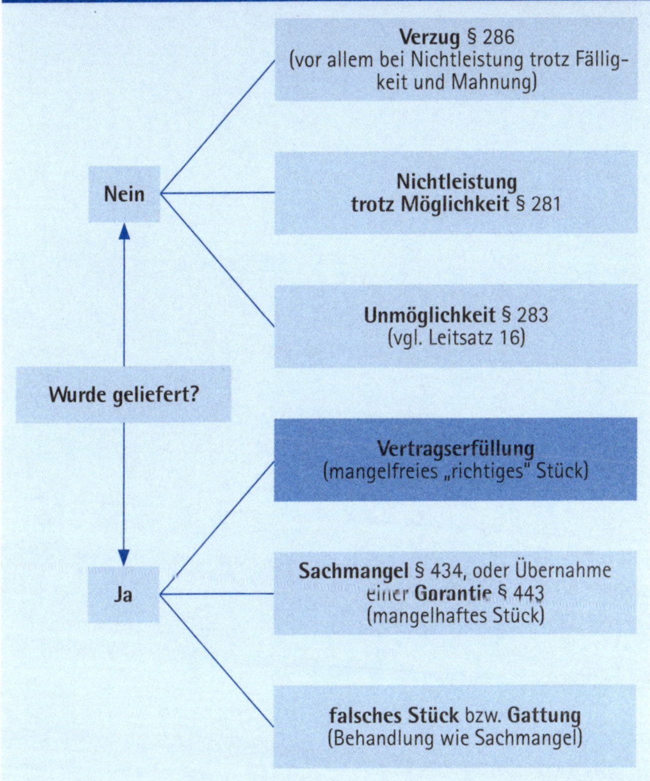

Lektion 6: Die Geschäfte des täglichen Lebens

Wir wollen uns jetzt mit den im Gesetz ausdrücklich typisierten schuldrechtlichen Verträgen beschäftigen. Es sind dies außer Kauf (§§ 433ff) und Tausch (§ 480), vor allem Miete und Pacht (§§ 535ff), Leihe (§§ 598ff), Dienstvertrag (§§ 611ff), Werkvertrag (§§ 631 ff) und Geld- bzw. Sachdarlehen (§§ 488 ff bzw. §§ 607 ff).

Man bezeichnet sie als die typischen Verträge im Gegensatz zu den im Rahmen der Vertragsfreiheit (§ 311 I) geschlossenen atypischen Verträgen (z.B. Stundung).

Miete, Leihe, Darlehen usw.

Fall 41

Frau Flott geht zu einem Fahrradverleih und holt sich dort ein Fahrrad. Was für einen Vertrag schließt sie dabei mit dem Inhaber des Geschäfts?

Einen Leihvertrag?

Bitte lesen Sie § 598 und dann § 535. Sie sehen wieder, dass die Umgangssprache nicht immer der Gesetzessprache entspricht. Da die Leihe im Sinne des BGB nur die kostenlose Gebrauchsüberlassung meint, ist unser Verleiher im Grunde ein Vermieter, weil er seine Artikel nicht bloß für ein „Dankeschön" ausgibt.

Und, hat die Bezeichnung Verleih für den Fahrradverleiher eine Auswirkung? Aber nein! Gem. § 133 heißt es „falsa demonstratio non nocet" (eine falsche Bezeichnung schadet nicht).

Fall 42

Ein Jurist, der sich auf das 2. Staatsexamen vorbereitet, vereinbart mit einem Kollegen, dass dieser ihm fürs Examen seine Kommentare und Gesetzesbücher kostenlos zur Verfügung stellt. Kurz vor dem Termin hat der Kollege Gelegenheit, seine Bücher günstig zu verkaufen, was er auch tut, ohne sich um den Leihvertrag zu kümmern. Der Examenskandidat muss sich in einer Buchhandlung die erforderlichen Bücher zu hohen Preisen organisieren. Rechtslage?

Vorab eine Definitionsfrage: Ist Leihe (§§ 598 ff) ein gegenseitiger Vertrag?

Sie erinnern sich an die dritte Lektion: Beim gegenseitigen Vertrag (§§ 320 ff) stehen sich Leistungen und Gegenleistungen gegenüber. Bei der Leihe entsteht aber zunächst nur die einseitige Pflicht des Verleihers, die Sache zur Verfügung zu stellen. Die Pflichten des Entleihers, die Sache zurückzugeben (§ 604) und die Unterhaltungskosten zu tragen (§ 601), sind kein Gegenwert für die Leistung des Verleihers.

Ergebnis der Vorabfrage: Kein gegenseitiger, sondern ein (unvollkommener) zweiseitiger Vertrag.

Damit kommen wir über §§ 275 I und IV, 280 I, III zu §§ 283 und 249 zum Ergebnis unseres Falls: Schadensersatz wegen Unmöglichkeit. Zwar ist für den Verleiher eine mildere Haftung als in § 276 festgelegt (§ 599), doch bei Vorsatz besteht kein Zweifel an der Schadensersatzpflicht des Verleihers.

Fall 43

X fragt am Aschermittwoch den Y, ob dieser ihm nicht 50 € leihen könne. Y lehnt ab, da er nach den tollen Tagen selbst pleite ist. Was hat sich juristisch abgespielt?

Bitte lesen Sie §§ 145, 146. X hat Y ein gültiges Vertragsangebot gemacht. Dieses ist aber durch die sofortige Ablehnung hinfällig geworden.

Hat X dem Y den Abschluss eines Leihvertrages angeboten?

Nein, wieder falsch. Es ging um ein Darlehen. Der Unterschied zwischen Leihe und Darlehen liegt darin, dass beim Darlehen nicht mehr der gleiche Gegenstand zurückgegeben wird, sondern ein anderer, gleichartiger (z.B. ein anderer 50 €-Schein beim Gelddarlehen gem. § 488). Ein anderer Fall: Wenn sich Frau Meier von Frau Müller fünf Eier zum Kuchenbacken „leiht", bekommt sie fünf andere Eier zurück (Sachdarlehen gem. § 607). Der Unterschied liegt also in der Rechtsstellung zur empfangenen Sache: Der Darlehensnehmer wird Eigentümer, der Entleiher nur Besitzer.

Leitsatz 20

Darlehen / Leihe

Beim Darlehen (§§ 488, 607) wird **nicht** der gleiche Gegenstand, sondern ein **gleichartiger** zurückgegeben (Hauptfall: Geld)

- Der **Darlehensnehmer** wird **Eigentümer**

Bei der Leihe (§§ 598ff) wird der **gleiche** Gegenstand zurückgegeben (z.B. Buch)

- Der **Entleiher** wird nur **Besitzer**

Bitte lesen Sie § 488. Den Begriff der vertretbaren Sache definiert § 91. Ob Zinsen zu zahlen sind, ist Vereinbarungssache. § 488 I 2 spricht nur von einem etwa geschuldeten Zins.

Fall 44

X vereinbart schriftlich mit Y, dass dieser ihm gegen Entgelt seinen großen Obstgarten „bis auf Weiteres überlassen“ soll. Welche Vertragsart ist wohl gegeben?

Ein Mietvertrag über das Grundstück? Nein, diesmal ein Pachtvertrag. Bitte schlagen Sie § 581 auf. Im Unterschied zum Mieter darf der Pächter die Sache nicht nur gebrauchen, sondern auch die Früchte der Sache (§ 99) ziehen. Zwar sind auf den Pachtvertrag gem. § 581 II die Mietvorschriften entsprechend anzuwenden, doch müssen wir auch einige Spezialvorschriften beachten, z.B. § 584, bei der Kündigungsfrist.

Hier nochmals der Hinweis auf die Notwendigkeit alle Paragrafen nachzuschlagen und durchzulesen. Nur so erhalten Sie Einblick in jene Dinge, die hier nicht angesprochen werden können, aber dennoch von Wichtigkeit sind.

Dienst-und Werkvertrag

Dass ein Angestellter einen Dienstvertrag und ein Porträtmaler einen Werkvertrag hat, weiß jeder. Aber der Teufel sitzt im Detail, das zeigt der folgende Fall.

Fall 45

Ein Handwerker, dessen Firma nicht so gut läuft, lässt sich von einem Unternehmensberater beraten. Was für ein Vertrag liegt zwischen den beiden vor?

Bitte lesen Sie §§ 611 und 631. Versuchen Sie, zunächst mit eigenen Worten, den Unterschied zwischen Dienst-und Werkvertrag zu beschreiben. OK, jetzt dürfen Sie auch lesen:

- Beim Werkvertrag ist ein bestimmter Erfolg Vertragsgegenstand
- Beim Dienstvertrag ist das Tätigwerden als solches geschuldet (auch wenn es u.a. auf einen Erfolg gerichtet ist)

Das Schlagwort lautet: Der Dienstvertrag ist zeitbestimmt, der Werkvertrag erfolgsbestimmt.

Die Grenzen sind fließend. Im Allgemeinen werden Unternehmensberater für das Tätigwerden als solches bezahlt und nicht nur für bzw. bei Erfolg (da würden sie sich schön bedanken!). Daher ist bei unserem Beraterfall ein klarer Dienstvertrag gegeben. Ein bestimmter Erfolg ist nicht versprochen.

Fall 46

Ein Unternehmensberater richtet den Betriebsausflug aus. Was für eine Vertragsart liegt vor?

Jetzt steht wohl doch mehr der Erfolg im Vordergrund. Der Ausflug muss auf alle Fälle organisiert werden. Der Vertrag mit dem Unternehmensberater ist hier ein Werkvertrag.

Fälle des Werkvertrages sind weiterhin: Neuer Absatz vom Schuster, Wertgutachten eines Gutachters, Reparatur eines Computers, Druck einer Doktorarbeit, Taxifahrt nach Hause, Notöffnung eines Wohnungsschlosses. Werkverträge sind fast alle Verträge mit Handwerkern, von der Reinigung eines verstopften Abwasserrohres bis hin zum Bau eines Dachstuhls.

Ansprechen müssen wir hier auch den Werklieferungsvertrag gem. § 650. Er betrifft die Herstellung beweglicher Sachen aus Materialien des Werklieferers. Zu denken ist hier an die Einzelanfertigungen von Kleidungsstücken, Möbeln oder Sportgeräten. Für den Werklieferungsvertrag gelten – trotz Werkvertrages – die Vorschiften zum **Kaufrecht**. Klausuralarm! Dieses süße Hin und Her reizt jeden **Klausurausdenker** und nicht selten kommt es vor, dass in Klausuren dann fälschlicherweise Werkvertragsrecht statt Kaufrecht geprüft wird.

Nochmals zurück zu den **Dienstverträgen**. Dienstverträge haben alle Arbeitnehmer in abhängiger Arbeit (in Form eines Arbeitsvertrages), im Allgemeinen auch die Wellness-Masseurin, die Skilehrerin sowie die Privattrainerin, grundsätzlich auch Rechtsanwälte und Steuerberater – Letztere allerdings in der Sonderform des **Geschäftsbesorgungsvertrages** gem. § 675.

Der **Geschäftsbesorgungsvertrag** (§ 675) ist ein Werk- oder Dienstvertrag zur Besorgung von Geschäften. Es geht hierbei um eine selbstständige Tätigkeit wirtschaftlicher Art, für die ursprünglich der Geschäftsherr selbst zu sorgen hatte, die ihm aber durch einen anderen (den Geschäftsführer) abgenommen wird. Zu denken ist etwa an Vermögensberater oder Steuerberater.

Um schon jetzt einer Verwirrung **entgegen** zu wirken: Geschäftsführung, Geschäftsbesorgung, Geschäftsherr etc. wird im BGB in anderen Zusammenhängen etwas unterschiedlich genutzt. Sie kommen auch beim **Auftrag** und bei der Geschäftsführung ohne Auftrag **(GoA)** vor (s.u.). Wenn also in einer Klausur die Geschäftsbegriffe auftauchen, lässt sich allein daraus noch kein Rechtsgebiet ableiten.

Zum Schluss lesen Sie noch bitte folgende Vorschriften: **§§ 518, 550, 563, 544, 566, 585, 633, 640, 644**.

Da diese **Paragrafen** alle in Klausuren häufig vorkommen, ist es zweckmäßig, sie sich im Gesetz, ebenso wie die im laufenden Text der Lektionen vorkommenden Normen, als wichtig anzustreichen.

Zum Abschluss noch eine **Übersicht** über jene schuldrechtlichen Verträge, die in dieser Lektion besonders angesprochen wurden.

Übersicht 10: Tägliche schuldrechtliche Verträge

Vertrag	Wesen
Leihe (§§ 598 ff)	**unentgeltliche** Gebrauchsüberlassung von Sachen
Miete (§§ 535 ff)	**entgeltliche** Gebrauchsüberlassung von Sachen
Pacht (§§ 581 ff)	entgeltliche Überlassung von Sachen oder Rechten zum Gebrauch und **Fruchtgenuss**
Darlehen (§§ 488 ff; §§ 607 ff)	Übereignung vertretbarer Sachen mit der Abrede, Sachen **gleicher Art** zurückzugeben (Geld- oder Sachdarlehen)
Dienstvertrag (§§ 611 ff)	entgeltliche Verpflichtung zum **Tätigwerden** (auf Zeit)
Werkvertrag (§§ 631 ff)	entgeltliche Verpflichtung zur Erreichung eines bestimmten **Arbeitserfolges**
Werklieferungsvertrag (§ 650)	Werkvertrag einer zu liefernden beweglichenSache (es gilt Kaufrecht)
Geschäftsbesorgungsvertrag (§§ 675 ff)	Dienst- oder Werkvertrag zur entgeltlichen Besorgung eines übertragenen Geschäfts

Lektion 7: Schadensersatz

Unerlaubte Handlungen (§§ 823 ff)

Fall 47

Auf dem Münchner Oktoberfest zertrümmert A bei einer Prügelei seinen Bierkrug auf dem Kopf des unbeteiligten Frisörs F. F muss zum Arzt und kann mehrere Tage nicht seinen Salon aufmachen. Welche Ansprüche hat er gegen A?

Bitte gehen Sie bei **Schadensersatzfällen** stets systematisch vor. Wir prüfen daher gleich durch.

1. Anspruchsgrundlage

Zunächst ist immer die **Anspruchsgrundlage** zu prüfen, d.h. es müssen diejenigen Paragrafen festgestellt werden, aufgrund welcher der Geschädigte vom Schädiger Ersatz verlangen kann.

Unsicher beim Stichwort Anspruchsgrundlagen? Hierzu und zu den weiteren Grundlagen des juristischen Studiums wird verweisen auf das Erfolgsbuch **Jura – *leicht gemacht*®**.

In den meisten Schadensersatzfällen sind **mehrere Anspruchsgrundlagen nebeneinander** gegeben, in unserem Fall z.B.:

a) § 823 I (Verletzung von Körper und Gesundheit)

b) § 823 II in Verbindung mit §§ 223 ff des Strafgesetzbuches (Körperverletzung).

Der Anspruch aus § 823 II benötigt zusätzlich immer ein **Schutzgesetz**, welches auch mit zu zitieren ist. Für den Anfang genügt es festzuhalten, dass die meisten strafbaren Handlungen solche Schutzgesetze sind. Die einzelnen StGB-Paragrafen brauchen Sie sich erst zu merken, wenn es ggf. in Ihrem Studium zum Strafrecht geht. Zum Einstieg empfehlen wir dann **Strafrecht – *leicht gemacht*®**

c) Eine weitere Anspruchsgrundlage ist hier § 826, vorsätzliche Schädigung.

Der Geschädigte hat die Wahl zwischen den verschiedenen Anspruchsgrundlagen.

Leitsatz 21

Anspruchsgrundlagen im Schadensersatzrecht

Während es in anderen Rechtsgebieten schwer ist, überhaupt **eine** Anspruchsgrundlage zu finden, ist beim Schadensersatzrecht die besondere Aufgabe **alle** Anspruchsgrundlagen zu finden. Der Gesetzgeber hat so viele sich z.T. überschneidende Anspruchsgrundlagen geschaffen um alle Fallvarianten abzudecken. So findet sich auch in Randfällen eine Anspruchsgrundlage.

- In der praktischen Arbeit müssen **alle** Anspruchsgrundlagen **erörtert** werden.

Und, haben Sie wirklich alle Paragrafen nachgeschlagen? Ohne das parallele Lesen der Gesetzesinhalte nützt das ganze Buch nur sehr wenig.

2. Kausalität (Ursächlichkeit)

Als nächstes muss die Ursächlichkeit zwischen Handlung und Schaden überprüft werden. In unserem Fall besteht hieran kein Zweifel.

3. Rechtswidrigkeit

Des Weiteren muss an sich noch die Rechtswidrigkeit geprüft werden. Diese ist im Regelfall gegeben, wenn jemand eine unerlaubte Handlung begeht. Sie entfällt nur ausnahmsweise, wenn dem Schädiger ein besonderer Rechtfertigungsgrund zur Seite steht, z.B. Notwehr (§ 227) usw. Wäre eine Schadenszufügung danach rechtmäßig, würde die Schadensersatzpflicht entfallen.

4. Verschulden

Hiernach ist noch festzustellen, welche Form von Verschulden (§ 276) vorliegt. Hier z.B. ist der Vorsatz gegeben. Dazu noch die Definitionen.

Leitsatz 22

Vorsatz und Fahrlässigkeit im Zivilrecht

Fahrlässigkeit

- Außerachtlassung der im Verkehr objektiv erforderlichen Sorgfalt (§ 276 II)

Vorsatz

- Wissen und Wollen der Tatbestandsverwirklichung im Bewusstsein der Rechtswidrigkeit

5. Schaden

Schließlich ist noch der **Umfang** des zu ersetzenden **Schadens** zu untersuchen.

- Ein Schaden ist eine **unfreiwillige Einbuße** an Rechtsgütern oder Rechten.

Als Grundsatz gilt die **Naturalrestitution**, § 249. Der Geschädigte ist so zu stellen, als ob die Schädigung nicht eingetreten wäre (sog. negatives Interesse im Gegensatz zum positiven Interesse bei der Nichterfüllung von Verträgen).

Das bedeutet: **Krankenhauskosten** (§ 249), u.U. **Verdienstausfall** (§ 842) und **Schmerzensgeld** (§ 253 II).

Eine Entschädigung in Geld als Ersatz von immateriellem Schaden ist nur dann zu gewähren, wenn es das Gesetz ausdrücklich vorschreibt, sonst nicht, § 253 I.

Wenn dem Verletzten ein **Mitverschulden** hinsichtlich der Höhe des Schadens zur Last fällt, also z.B. wenn er zum Quacksalber geht und dadurch den Heilungsprozess verzögert, so ist dieses Mitverschulden gem. § 254 durch **Minderung** des Schadensersatzes zu berücksichtigen.

6. Ergebnis

Das bringt uns zum Fallergebnis. Der Frisör bekommt also die Arztkosten, den Ausfall des Verdienstes für die Zeit, in der er seinen Salon nicht öffnen konnte, und ggf. Schmerzensgeld.

Achtung Mitverschulden! Hier war F ja unbeteiligt an der Schlägerei. Wäre er aber beteiligt gewesen, dann würde man sicher über verschiedene Fallvarianten diskutieren, z.B. wer angefangen hat.

Fall 48

Wie im Oktoberfestfall 47. Nun hat A den F aber krankenhausreif geschlagen. Im Krankenhaus bricht eine Epidemie aus, der Verletzte wird angesteckt und erleidet dadurch einen weiteren Schaden. Muss A auch hierfür aufkommen?

Das hängt davon ab, ob A auch diesen Schaden verursacht hat. Nach streng logischen Grundsätzen ist diese Frage zu bejahen; denn ohne Verletzung kein Krankenhausaufenthalt und ohne diesen keine Ansteckung. So betrachtet wäre die Kette der Verursacher praktisch unendlich und würde bis zur Mutter des A reichen. Wenn sie A nicht geboren hätte, wäre die Sache auch nicht passiert. Wir müssen die Ursächlichkeitsdefinition also einschränken. Nicht jede conditio sine qua non (Bedingung, ohne die nicht) kann als Bedingung bzw. Ursache im Sinne des BGB herangezogen werden. Es wird folgende Begriffsbestimmung allgemein anerkannt.

Leitsatz 23

!

Kausalität

Ursächlich ist nur die Bedingung, die generell, vom Standpunkt eines objektiven Beobachters geeignet ist, den Erfolg (= Folge, Ergebnis) herbeizuführen; d.h. der Erfolg darf **nicht außerhalb aller Wahrscheinlichkeit** liegen (**Adäquanz-Theorie**).

Im Falle einer weiteren Ansteckung im Krankenhaus wird die Kausalität derjenigen Handlung, die den Krankenhausaufenthalt überhaupt erforderlich machte, auch hinsichtlich der weiteren Infektion gerade noch bejaht, da die Ansteckungsgefahr in Krankenhäusern erfahrungsgemäß größer sei als anderswo.

Damit muss A in diesem Krankenhausfall auch für den weiteren Schaden des Frisörs aufkommen.

Schließlich können wir ein **grundlegendes Prüfschema** für alle Schadensersatzfälle formulieren. Ein spezielleres und detaillierteres Schema dann unten.

Prüfschema 3: Prüfung bei Schadensersatzfällen

I. **Anspruchsgrundlage**

II. **Ursächliche Handlung** (Adäquanz-Theorie!)

III. **Rechtswidrigkeit** (Rechtfertigungsgründe?)

IV. **Verschulden** (Vorsatz oder Fahrlässigkeit?)

V. **Schaden** (Vorhanden; ggf. Umfang, Mitverschulden?)

Dieses Prüfungsschema müssen Sie **bei jedem Anspruch gesondert** durchgehen

Die am häufigsten geprüfte Anspruchsgrundlage im **Deliktsrecht** ist **§ 823 I**. Die Problematik liegt dort in den Worten „das **Leben**, den **Körper**, die **Gesundheit**, die **Freiheit**, das **Eigentum** oder ein **sonstiges Recht**". Sie wird unter dem Stichwort **Rechtsgut- oder Rechtsverletzung** erörtert.

Fall 49

S ist Steuerberater eines großen Unternehmens. Er hat bei der Bearbeitung der Steuer plötzlich auch eine Zusatzidee zu einer Rechtsfrage, die er auf Grund seiner Bekanntheit im Unternehmen dort auch gleich umsetzen kann. Auf Grund dieser unerfragten Zusatz-Rechts-Beratung geht dem Unternehmen allerdings eine hohe Forderung gegen einen anderen

Betrieb infolge Verjährung verloren. Wenn Sie fragen: Die Steuerberatung selber war perfekt. Hat das Unternehmen Ansprüche gegen den selbstständigen S aus § 823 I?

Zunächst ist festzustellen, dass der Steuerberater mit seinen Steuer-Dienstleistungen ja **nicht** im Verzug ist. Auch Unmöglichkeit liegt **nicht** vor. Was also tun?

Lesen Sie bitte **§ 823 I**. Haftet S aus unerlaubter Handlung (= Delikt)? Gehen Sie die in § 823 I aufgezählten Rechtsgüter der Reihe nach durch. **Leben**, **Körper**, **Freiheit** usw. sind nicht verletzt, auch nicht das **Eigentum**; denn bei Forderungen spricht man nur von Inhaberschaft. „Eigentum" bezieht sich nur auf Sachen. Unter „sonstigen Rechten" i.S. von § 823 I versteht man nur Rechte nach Art von Gesundheit, Eigentum usw. Es sind dies nur **absolute Rechte**, die gegen jedermann wirken, die jeder zu respektieren hat, also z.B. das allgemeine Persönlichkeitsrecht, der eingerichtete und ausgeübte Gewerbebetrieb, sogar der Besitz, weil er einem dinglichen Recht angenähert ist.

Eine **Forderung** aber ist nur ein Band von Person zu Person und wird daher nur als relatives Recht bezeichnet. Sie fällt **nicht** unter § 823 I.

Ebenso fällt ein **allgemeiner Vermögensschaden** nie unter § 823 I, wenn nicht zugleich eines der in § 823 I aufgezählten absoluten Rechte verletzt ist.

Vermerken Sie sich daher das Wort „absolut" bei dem Wort „sonstiges Recht" in § 823.

Ergebnis: Unser Unternehmen hat **keinen** Anspruch gegen S aus **§ 823 I**. Das war die Fragestellung! Aber wie können wir dem Unternehmen doch helfen? Wir erinnern uns. Es gibt eine **Vielzahl von Anspruchsgrundlagen** im Deliktsrecht. Sehen wir einmal in Ruhe weiter.

Aus allem können wir ein spezielles langes **Prüfschema** zum § 823 I, der wichtigsten deliktischen Anspruchsnorm, formen.

Prüfschema 4: Deliktische Haftung gem. § 823 I

I. **Tatbestand**

1. **Rechtsgut oder Rechtsverletzung**
   - **Leben** (Tötung)
   - **Körper/Gesundheit** (z.B. Körperverletzung)
   - **Freiheit** (nur Fortbewegungsfreiheit)
   - **Eigentum** (z.B. Entziehung einer Sache)
   - **sonstiger Rechte** z.B.:
     - allgemeine Persönlichkeitsrechte
     - der eingerichtete und ausgeübte Gewerbebetrieb
     - Besitz (wenn befugt)
     - **nicht!** Vermögen, Forderungen
2. **Ursächliche Handlung** (haftungsbegründende Kausalität)
   - Adäquanz-Theorie: Vom Standpunkt des objektiven Beobachters darf der Erfolg **nicht außerhalb aller Wahrscheinlichkeit** liegen.
   - Ursächlichkeit zwischen Verletzungshandlung und Rechtsgutverletzung

II. **Rechtswidrigkeit**

- indiziert bei Vorsatz oder Fahrlässigkeit; nicht bei Rechtfertigungsgründen wie Notwehr

III. **Verschulden** (Fahrlässigkeit oder Vorsatz)

1. **Verschuldensfähigkeit** (§§ 827, 828)
2. **Verschulden im konkreten Fall**
   - **Fahrlässigkeit**: Außerachtlassung der im Verkehr objektiv erforderlichen Sorgfalt (§ 276 II)
   - **Vorsatz**: Wissen und Wollen der Tatbestandsverwirklichung im Bewusstsein der Rechtswidrigkeit

IV. **Schaden**

1. **Vorliegen eines Schadens**
   - **unfreiwillige Einbuße** an Rechtsgütern oder Rechten
   - Grundsatz Naturalrestitution (§ 249): Der Geschädigte ist so zu stellen, als ob die **Schädigung nicht eingetreten** wäre z.B.:
     - Krankenhauskosten (§ 249)
     - Verdienstausfall (§ 842)
     - Schmerzensgeld (§ 253 II)
     - **Mitverschulden**: Ggf. Minderung des Schadensersatzes (§ 254)
2. **Haftungsausfüllende Kausalität** (Ursächlichkeit zwischen Rechtsverletzung und Schaden)

Fall 50

Reiterin R reitet mit ihrem privaten Reitpferd aus. Als sie auf einem Feldweg dem Spaziergänger S begegnet, scheut das Tier unvermeidbar für R plötzlich. S wird dabei verletzt. Wäre es billig, wenn R – obwohl sie keinerlei Verschulden trifft – für den Schaden aufkommen müsste?

Es wäre wohl gerechter, wenn R für den Schaden aufkommt, als wenn S ihn selbst tragen müsste. Dies widerspräche zwar dem Verschuldensgrundsatz des BGB, doch ist der Grundgedanke folgender: Wer eine Gefahrenquelle in den Verkehr bringt, sie beherrscht und von ihr profitiert, soll auch das damit verbundene Risiko tragen. Man spricht dabei von **Gefährdungshaftung** (= **Verursachungshaftung** = **Kausalhaftung**).

Unser **Fall** ist im § 833 geregelt. Die Reiterin muss also für den Schaden aufkommen.

Eine Haftung ohne Verschulden wäre gem. § 833 Satz 2 **ausgeschlossen**, wenn das Tier z.B. ein Stier gewesen wäre und dem Berufe eines Landwirts gedient hätte, da die Gefährdungshaftung nach Meinung des Gesetzgebers eine unbillige Härte für denjenigen bedeuten würde, der das Tier zu seinem **Lebensunterhalt** braucht.

Weitere Fälle der **Gefährdungshaftung** enthalten vor allem § 7 des **Straßenverkehrsgesetzes**, der die Haftung des KFZ-Halters regelt, und das **Haftpflichtgesetz**, das die Haftpflicht u.a. von Bahn-und Energieunternehmen regelt.

Positive Vertragsverletzung/Verschulden beim Vertragsschluss

Weitere Anspruchsgrundlagen kommen hinzu, wenn irgendwo ein Vertrag in Reichweite ist. Die Chancen, einen Schadensersatz zu realisieren, sind größer, wenn ein Vertragspartner (etwa ein großes Unternehmen) mit herangezogen werden kann. Wenn also ein Azubi Ihre Sache beschädigt, dann wäre es doch schön, wenn Sie das von Ihnen beauftragte Unternehmen des Ausbilders zur Zahlung heranziehen könnten. Zur Frage, haftet das Unternehmen für den Azubi, kommen wir später im Buch. Hier ist die Frage, wie greife ich mir das Unternehmen, mit dem ich einen Vertrag habe.

Hinweis: Eigentlich sind wir jetzt wieder im Vertragsrecht der vorherigen Lektionen. Weil die Fragestellung aber mit dem **Deliktsrecht** zusammenhängt (einer hat eine unerlaubte Handlung vorgenommen), behandeln wir (und viele andere) die Fragestellung hier.

Fall 51

Frau S schließt mit Malermeister M einen Vertrag über das Streichen ihres Wohnzimmers in hellrosa. Die Wände des Zimmers streicht er perfekt, allerdings streicht er unachtsamerweise auch die Fotodruck-Gardine etwas mit. Natürlich prüft man jetzt zuerst § 823 I (wohl gegeben), aber wir suchen ja immer alle Anspruchsgrundlagen. Gibt es da eine aus dem Vertrag?

Diese Problematik ist unter dem Stichwort **positive Vertragsverletzung** (PVV) bekannt. Eine grausame Wortschöpfung von 1905. Der Hintergrund ist der, dass der Vertrag nicht negativ (z.B. Nichtleistung) sondern positiv (er bekommt mehr, nämlich einen Schaden) verletzt wird.

Leitsatz 24

Positive Vertragsverletzung

Man definiert die positive Vertragsverletzung als jede auf **Verschulden** beruhende Leistungsstörung, die nicht in Unmöglichkeit oder Verzug besteht. Man zitiert z.B. in einer Klausur: „Anspruch aus positiver Vertragsverletzung (§§ 280 I, 241 II) beim ...vertrag."

Also zur Lösung des **Falls**. Unmöglichkeit oder Verzug besteht nicht. Verschulden schon. Frau S. hat also (auch) einen Anspruch gegen M aus positiver Vertragsverletzung (§§ 280 I, 241 II) beim Werkvertrag. Hellrosa Farbreste auf Fotodruck-Gardinen sehen auch wirklich nicht gut aus.

Jetzt können wir auch zum Steuerberater**fall 49** zurückkommen. Auch dort gab es bei Verschulden ja keine Unmöglichkeit und keinen Verzug. Es gab dort – wir erinnern uns – auch keinen Anspruch aus § 823 I, da kein entsprechendes Rechtsgut verletzt war. Hier kommt uns dann der Anspruch aus positiver Vertragsverletzung (§§ 280 I, 241 II) beim Geschäftsbesorgungsvertrag sehr gelegen. Wir können dem Unternehmen also helfen. Juhu.

Fall 52

In einem Restaurant stolpert der Wirt und gießt einer Studentin die bestellte Tomatensuppe in den Ausschnitt. Dabei wird (u.a.) ihre neue Bluse beschädigt. Rechtslage?

a) Wieder liegt eine positive Vertragsverletzung vor. Hier wird auch die Herkunft des Namens „positive“ Vertragsverletzung praktisch deutlich: Während bei Unmöglichkeit und Verzug der Schuldner etwas nicht tut, was er tun sollte, tut er meist bei der positiven Vertragsverletzung etwas, was er nicht tun sollte. Im vorliegenden Fall also wieder Anspruch aus §§ 280, 241 II beim Kaufvertrag.

b) Daneben bestehen hier noch Ansprüche aus § 823 I wegen Eigentumsverletzung.

c) Denken könnte man auch an § 823 II wegen § 303 StGB (Sachbeschädigung) als Schutzgesetz, aber fahrlässige Sachbeschädigung ist nicht strafbar.

d) Wenn die Suppe sehr heiß war, gibt es ggf. auch noch Schmerzensgeld nach § 253 II.

Der Studentin mit der roten Fleckenbluse steht also hier Schadensersatz und ggf. auch in Form von Schmerzensgeld nach zwei Anspruchsgrundlagen (§ 823 I; PVV) zu.

Fall 53

Wieder setzt sich die Studentin in ein Restaurant. Noch bevor der Wirt ihre Bestellung aufnehmen kann, zerreißt sie sich ihre neue Designer-Jeans an einem Nagel, der aus dem Stuhl herausragt. Welche vertraglichen Ansprüche hat sie jetzt gegen den Wirt?

a) Vorweg ist festzustellen, dass der Wirt verpflichtet war, für einen ordnungsgemäßen Zustand seines Mobiliars zu sorgen. In seiner privaten Wohnung kann er die Möbel mit Nägeln spicken wie ein Fakir. Wenn er aber in seinem Lokal dem Publikum Zutritt gewährt, trifft ihn eine gewisse Sicherungspflicht. Man spricht von der „allgemeinen Verkehrssicherungspflicht“, kraft der jedermann, der auf seinem Grundstück usw. den Verkehr (im weitesten Sinne) eröffnet, für den ordnungsgemäßen Zustand desselben sorgen muss.

Dies festzustellen ist wichtig, da im Allgemeinen nur für positives Tun gehaftet wird und für ein Unterlassen nur da, wo eine besondere Pflicht zum Tätigwerden bestand.

b) Die drei Ihnen bereits bekannten vertraglichen Leistungsstörungen (Unmöglichkeit, Verzug, positive Vertragsverletzung) kommen hier nicht infrage, da ein Vertrag noch nicht vorliegt.

Ja, ein Vertrag liegt nicht vor, da ja die Frau noch nicht bestellt hatte. Aber sie waren ja kurz davor. Kann das helfen?

Lesen Sie bitte § 311 II. Ja, das passt. Hier kommt der lateinische Fachausdruck culpa in contrahendo (c.i.c; gesprochen c–i–c) ins Spiel. Die Figur des Verschuldens beim Vertragsschluss wurde 1861 entwickelt und ist heute geregelt durch §§ 280 I, 241 II und 311 II. Der Gesetzgeber begründet c.i.c. wie folgt:

- Wenn verschiedene Personen in Vertragsverhandlungen eintreten, so entsteht damit ein vertragsähnliches Vertrauensverhältnis, im Rahmen dessen jeder Teil darauf zu achten hat, dass dem Anderen kein Schaden zugeführt wird.

Der wichtigste Unterschied zwischen positiver Vertragsverletzung und Verschulden beim Vertragsschluss ist somit die Tatsache, dass dort ein Vertrag vorliegt, hier dagegen noch nicht.

Leitsatz 25

Culpa in contrahendo

In der Klausur zitiert man einen Anspruch aus **Verschulden bei Vertragsschluss** (culpa in contrahendo; c.i.c.) etwa folgendermaßen: „Die Grundlage für den Schadensersatzanspruch bildet das Verschulden beim Vertragsschluss nach §§ 280 I, 241 II, 311 II."

In unserem Fall hat also die Frau vertragliche Ansprüche ganz ohne Vertrag, eben nach c.i.c. (§§ 280 I, 241 II, 311 II). Nach vertraglichen Ansprüchen war ja in der Fallfrage (immer besonders gut lesen!) gefragt.

c) Im Übrigen kommt in unserem Ausgangsnagelfall aber auch noch ein Anspruch aus § 823 I in Betracht.

Zum Schluss lesen Sie bitte die §§ 823 – 853 noch einmal im Zusammenhang im Gesetz.

Jetzt eine Übersicht über die Zusammenhänge von Vertrag und Schadensersatz. Anschließen dann eine Übersicht über die Anspruchsgrundlagen im Deliktsrecht (Unerlaubte Handlungen).

Übersicht 11: Vertrag und Schadensersatz

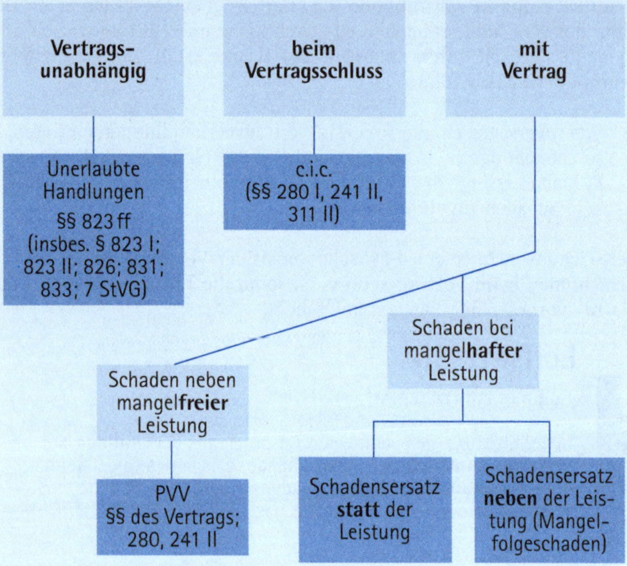

Ansprüche aus Unerlaubter Handlung (ggf. mehrfach) und vertragliche Ansprüche schließen sich nicht aus und können daher **gleichzeitig** vorliegen.

Übersicht 12: Deliktsrecht

Wichtige Anspruchsgrundlagen im Deliktsrecht	
Anspruchsgrundlage	**Kurzbezeichnung**
§ 823 I	Rechtsgut- oder Rechtsverletzung
§ 823 II	Verletzung eines Schutzgesetzes
§ 826	Sittenwidrige vorsätzliche Schädigung
§ 831	Haftung für den Verrichtungsgehilfen (Lektion 9)
§ 833	Haftung des Tierhalters
PVV §§ des Vertrags, 280, 241 II	Positive Vertragsverletzung (eigentlich vertraglich)
c.i.c. §§ 280 I, 241 II, 311 II	Verschulden beim Vertragsschluss = culpa in contrahendo (eigentlich vertraglich)
§ 7 StVG	Haftung des KFZ-Halters

Immer **alle** zutreffenden Anspruchsgrundlagen erörtern, ggf. auch nicht-zutreffende, aber naheliegende prüfen!

Eigentümer kontra Besitzer

Beim EBV (Eigentümer-Besitzer-Verhältnis) geht es zwar nicht in erster Linie um Schadensersatz, wie die Überschrift dieser Lektion verspricht, es geht dort um sachenrechtliche Ansprüche (insbesondere Herausgabe) zwischen den beiden Parteien. In der Praxis ist das Rechtsgebiet auch ohne viel Bedeutung. Aber hin und wieder ist es aber schon Studienthema. Daher hier ein Einstieg in das sehr komplizierte und verästelte Rechtsgebiet. Ein wenig hat es aber auch mit Schadensersatz zu tun, da etwa ein deliktischer Besitzer nach den Regelungen der Unerlaubten Handlungen (s.o.) haftet (§ 992).

Aber fangen wir langsam an. Beim EBV geht es grundsätzlich darum, dass der Eigentümer eine Sache (oder Schadensersatz) vom Besitzer erhalten möchte. Dieser möchte diese aber - sonst wäre es kein Fall - nicht hergeben, da er auf Grund von Vorkommnissen (z.B. Kauf nach Diebstahl) glaubt, es behalten zu dürfen.

Legen wir mit dem Grundfall los.

Fall 54

M mietet von V ein Auto für 14 Tage. Am dritten Tag blättert V im BGB und liest § 985. Er will M ärgern und verlangt den Wagen heraus. Wie ist die Rechtslage?

Wir sind im Sachenrecht! Es geht um das Band Person - Sache. Versuchen Sie, die Lage mit dem Erlernten möglichst exakt für sich zu formulieren.

Ist es Ihnen etwa so gelungen? Zwar ist das rechtliche Band des Eigentums zwischen dem V und der Sache nicht zerrissen, aber durch die Miete (§ 535) ist eine Bindung zwischen V und M entstanden. V hat sich zur Gebrauchsüberlassung verpflichtet. Hierdurch sind dem V gleichsam die Hände gebunden, und er ist gehindert, an seinem rechtlichen Band zur Sache zu „ziehen", d.h. sie sich zurückzuholen.

Bitte lesen Sie jetzt § 986 I. Diese Norm spricht das aus, was wir uns eben anhand der Grundprinzipien des BGB erarbeitet haben. M kann während der Mietzeit dem Anspruch des V aus § 985 eine Einrede entgegensetzen, d.h. ein Leistungsverweigerungsrecht geltend machen.

Diese Prüfung von § 985 und § 986 ist die Prüfung der Vindikationslage. Sie ist Voraussetzung für das EBV und liegt dann vor, wenn der Besitzer - anders als hier - kein Recht hat, die Sache zu behalten.

M muss in diesem Fall den Wagen also im Hinblick auf § 986 I nicht herausgeben.

Das EBV ist in den Paragrafen §§ 985 – 1003 geregelt. Es beinhaltet drei Gruppen:

- zur Vindikationslage (§§ 985 und 986)

- die Ansprüche des Eigentümers auf **Nutzungen** und **Schadensersatz** (§§ 987 – 993)
- die **Gegenansprüche** des Besitzers (§§ 994 – 1003)

Vermerken Sie sich diese Einteilung zweckmäßigerweise durch drei Trennungslinien in Ihrem Gesetzestext.

Fall 55

Ein Dieb D hat E ein Auto gestohlen. Er vermietet es für 14 Tage an M. Nach drei Tagen erfährt E davon und verlangt die Sache von M heraus (§ 985). Kann er?

Der **Diebstahl** hat – wie bekannt – das rechtliche Band von E zur Sache **nicht** zerreißen können (§ 935).

Und hilft M sein Mietvertrag? Nein, durch den **Mietvertrag** entstand nur eine Bindung im Verhältnis von M zu D. M hat also nur Rechte gegenüber dem Dieb erworben, nicht gegenüber E. Dass ein Schuldverhältnis grundsätzlich nur Rechte und Pflichten **zwischen** den beteiligten Parteien begründet, bezeichnet man als **Relativität der Schuldverhältnisse**. Dem E sind also durch diesen Mietvertrag – nicht wie im Fall vorher – die Hände gebunden.

Bitte lesen Sie **§ 986 I** noch einmal. Der Besitzer kann die Herausgabe nur verweigern, wenn er dem Eigentümer gegenüber zum Besitz berechtigt ist. Dies ist hier nicht der Fall. Der Anspruch des E aus § 985 dringt durch. Es liegt also die **Vindikationslage** vor.

Der Mieter kann dem **Herausgabeanspruch** des E aus § 985 in diesem Fall also nichts entgegensetzen. Dies ergibt sich auch aus § 1007 I, II. M muss daher das KFZ herausgeben.

Schon wieder ein neuer juristischer **Fachbegriff**. Haben Sie sich für diesen schon Karteikarten angelegt und ausgefüllt?

Fall 56

Der Vasenfreund V kauft in einem seriösen Antiquitätengeschäft eine Vase. Infolge grober Fahrlässigkeit zerbricht er sie in seiner Wohnung. Die Vase war vor längerer Zeit bei E gestohlen worden. Rechtslage?

Wieder liegt ein Eigentümer-Besitzer-Verhältnis (eine Vindikationslage) vor, da V wegen § 935 nicht Eigentümer wurde. Klar, wenn die Vase noch heil wäre, müsste der Vasenfreund sie gem. § 985 an E herausgeben. Aber sie ist ja kaputt. Muss V nun Schadensersatz zahlen?

Jetzt blättern Sie doch ein wenig in den §§ 987 ff. Na, etwas gefunden?

Was halten Sie von § 993 (Haftung des redlichen Besitzers)? Trifft zu! V ist redlicher (also gutgläubiger) Besitzer, da er in einem seriösen Antiquitätengeschäft ohne Wissen über den Diebstahl gekauft hatte.

Da V gem. § 993 I nur zur Herausgabe gewisser Nutzungen und „im Übrigen ... nicht zum Schadensersatz verpflichtet" ist, haftet er nicht! Als hätte er gleichsam nur die eigene Sache beschädigt. Die Freistellung von der Haftung ist eine durchaus logische Folge des im BGB grundsätzlich herrschenden Verschuldensprinzips.

Sie denken jetzt, aber was ist mit § 823 I. Keine schlechte Idee, aber falsch. Wenn eine Vindikationslage vorliegt, so sind die §§ 987 ff die Exklusivregelungen. Alle anderen BGB-Bestimmungen, also z.B. §§ 812 ff oder §§ 823 ff, sind grundsätzlich ausgeschlossen. Dies ergibt sich aus §§ 993 I, 996.

Sind die anderen Anspruchsgrundlagen wirklich 100 %ig ausgeschlossen? Ja! Aber es wird auch unter dem Stichwort Ausschließlichkeitsdogma diskutiert. Wenn Ihr Dozent gerade dazu vorträgt, dann könnte er Anhänger einer der Ausnahmetheorien sein. Eine kleine Lücke in den 100 % gibt es auch wirklich. Es findet sich in den §§ 985 ff selber eine Weiterleitung. Welche? Haben Sie die Einleitung zum EBV noch im Kopf? § 992 verweist für die Schadensersatzhaftung des deliktischen Besitzers auf die Regelungen der unerlaubten Handlungen.

Sie haben ja die Paragrafen 987 ff gelesen. Finden Sie nicht auch: Ein wirklich ausformulierter Dschungel von Möglichkeiten? Das ist typisch für das Sachenrecht.

Wir fassen das EBV nun in einer Übersicht zusammen.

Übersicht 13: Eigentümer-Besitzer-Verhältnis

Das Eigentümer-Besitzer-Verhältnis **(EBV)** wird in den **§§ 985 ff**, also im **Sachenrecht**, geregelt.

Ein EBV besteht, wenn Eigentum und Besitz an einer Sache **auseinanderfallen** und der Besitzer nicht zum Besitz berechtigt ist, wenn also

- dem Eigentümer ein Herausgabeanspruch nach § 985 zusteht
- weil der Besitzer nicht nach § 986 die Herausgabe verweigern kann.

Diese Situation wird **Vindikationslage** genannt. Wenn eine solche vorliegt, ist entsprechend weiter zu prüfen, zu welchen Folgerungen dies führt.

- Dem Eigentümer können neben oder statt dem **Herausgabeanspruch** auch Ansprüche auf **Schadens**- sowie **Nutzungsersatz** zustehen (§§ 987 – 993)
- Dem **Besitzer** können **Gegenansprüche** zustehen (§§ 994 – 1003)

Aber **Achtung**: Im Gegensatz zur Situation bei den Unerlaubten Handlungen liegt hier eine **Exklusivlage** vor. Wenn eine EBV vorliegt, dann gibt es daneben grundsätzlich keine weiteren Anspruchsgrundlagen.

II. Einstehenmüssen für Dritte

Lektion 8: Auftrag und Vollmacht

Nach unserer Rechtsordnung hat jeder primär für sein eigenes Tun einzustehen. Was andere tun, berührt seinen Rechtskreis grundsätzlich nicht. Sippenhaft, Kollektivschuldthesen, Blutrache und ähnlicher krimineller Unfug haben in zivilisierten Ländern nichts zu suchen. Höher entwickelte Rechtsordnungen kennen ein Einstehenmüssen für fremde Handlungen nur unter ganz bestimmten, tatbestandsmäßig begrenzten Voraussetzungen. Mit Letzteren befassen sich die nächsten vier Lektionen.

Stellvertreter und Bote

Fall 57

X hat sich den Fuß verstaucht und bittet daher seine Freundin Fine, die ihn gerade besucht, im Laden gegenüber - auf seinen Kredit - ein paar Magazine zu kaufen. Die Freundin sagt es ihm fest zu und besorgt die Illustrierten. Was hat sich juristisch ereignet? Wir gehen in zwei Fragen vor.

Welche Rechtsgeschäfte sind in der Bitte des X und der Einwilligung der Fine zu erblicken?

Zunächst ist ein Auftragsvertrag zu Stande gekommen (§ 662), indem Fine dem X versprach, das Gewünschte zu besorgen. Außerdem hat X der Fine Vollmacht erteilt, d.h. sie dazu ermächtigt, Geschäfte in seinem Namen abzuschließen. Bitte lesen Sie § 164 I:

- Die Willenserklärungen der Fine gelten unmittelbar für und gegen X.

Vollmacht nennt man die durch Rechtsgeschäft erteilte Vertretungsmacht. Dies ist aus § 166 II ersichtlich. Daneben gibt es die gesetzliche Vertretungsmacht z.B. der Eltern für das minderjährige Kind.

Die Vollmachtserteilung ist kein Vertrag, sondern ein einseitiges Rechtsgeschäft. Die Bevollmächtigung erfolgt regelmäßig durch einfache Erklärung (§ 167). Durch sie erhält der Bevollmächtigte automatisch die Vertretungsmacht, auch wenn er sie gar nicht will. Diese Einseitigkeit sieht auf den ersten Blick wie eine kleine Nötigung aus, ist es aber nicht, da die Vollmacht für den Bevollmächtigten nur ein rechtliches Plus darstellt und keinerlei Pflichten mit sich bringt.

Worin erblicken Sie nach dem oben Gesagten den wesentlichen Unterschied zwischen Auftrag und Vollmacht?

Die Vollmacht regelt die Rechtsstellung nach außen, d.h. gegenüber Dritten; der Auftrag dagegen ist ein Vertrag, der nur zwischen den beiden Vertragspartnern, also nur im Innenverhältnis wirkt. Die Vollmacht berechtigt, der Auftrag verpflichtet. Vollmacht ist ohne Auftrag und Auftrag ohne Vollmacht denkbar.

Die erste Fallfrage können wir also beantworten: Beide haben einen Vertrag über einen Auftrag geschlossen und Fine hat von X eine Vollmacht bekommen.

Wir wollen nun die Unterschiede zwischen Auftrag und Vollmacht in einer Übersicht darstellen.

Übersicht 14: Auftrag, Vollmacht

Auftrag	Vollmacht
Wesen: **Vertrag**	Wesen: **einseitiges Rechtsgeschäft**
regelt Verhältnis Auftraggeber – Beauftragter (**Innenverhältnis**)	regelt Verhältnis zu Dritten (**Außenverhältnis**)
bringt dem Beauftragten fast nur **Pflichten**	bringt dem Bevollmächtigten nur **Rechte**

Nachdem Sie sich diese Übersicht – hoffentlich – gut eingeprägt haben, können Sie den obigen Fall weiter untersuchen.

Was hat sich im Laden juristisch ereignet?

Ist über die Vertreterin Fine ein Kaufvertrag zwischen X und dem Händler zu Stande gekommen, §§ 164 I 1, 433? Hierzu gleich ein Prüfschema.

Prüfschema 5: Wirksame Stellvertretung gem. § 164 I S. 1

I. **Zulässigkeit** der Stellvertretung

II. **Eigene** Willenserklärung des Vertreters

III. **Offenkundigkeit** (Handeln im Namen des Vertretenen)

IV. Handeln des Vertreters im **Rahmen** der Vertretungsmacht

Das können wir alles bejahen. Bezüglich der Zulässigkeit bestehen keine Bedenken. Fine hat selber die Magazine ausgesucht und eigenen Willen gezeigt. Dadurch, dass sie auf den Kredit von X gekauft hat, ist auch offenkundig, dass sie im Namen von X kauft. Da sie keinen Käse gekauft hat (Vollmacht nur für Magazine) ist sie auch im Rahmen der Vertretungsmacht geblieben.

▶ Die Erklärung von Fine wirkte also für und gegen den X.

Wie geht nun die entsprechende Übereignung vor sich? Wie erhält X Eigentum an den Magazinen, wo doch Fine diese in die Hand bekommt.

Das ist schwierig. Wie sich schon aus dem Wortlaut des § 164 I 1 ergibt, ist Vertretung nur bei Willenserklärungen möglich und nicht bei Tathandlungen (= Realakten), wie sie z.B. die Entgegennahme einer Sache darstellt. Bei einer Tathandlung knüpft die Rechtswirkung nur an die tatsächliche Vornahme an; ein besonderer Erklärungswille ist hier nicht nötig.

Weil für den Eigentumsübergang aber grundsätzlich Einigung und Übergabe notwendig sind (§ 929), wurde X zwar bei der dinglichen Einigung gem. § 929, jedoch nicht bei der Übergabe, durch Fine vertreten.

Verliert der Verkäufer sein Eigentum erst bei der Übergabe der Zeitschriften von Fine an X? Wem gehören die Magazine solange Fine damit über die Straße läuft?

Die Rechtsprechung hilft sich hier, indem sie den Bevollmächtigten in der Regel als Besitzmittler im Sinne des § 868, etwa wie einen Verwahrer anerkennt. Folge: Wenn die Freundin die Sachen entgegennimmt, hat auch X in derselben Sekunde (mittelbaren) Besitz und kann infolgedessen gleich über § 929 das Eigentum erwerben, denn für die „Übergabe" gem. § 929 genügt auch die Übergabe an einen Besitzmittler (§ 868) des Erwerbers.

Über die Ihnen ja schon bekannte Gestaltung des Besitzmittlers erhält also X Eigentum in dem Augenblick, indem Fine die Magazine in die Hand nimmt.

Fall 58

Wie vorher, bloß hat X seine Haushaltshilfe geschickt. Wie ist die Eigentumslage?

Eine Vollmacht ist, wie im Fall vorher, gegeben.

Allerdings kommen wir hier nicht zum Auftrag, da der Auftrag an sich Unentgeltlichkeit voraussetzt. Eine Lösung ergibt sich über § 675 (Geschäftsbesorgung), welche entgeltlich ist.

Sachenrechtlich gesehen, ist – wie bekannt – der Dienstbote Besitzdiener, § 855, welcher nur für den Herrn besitzt und nicht selbst Besitzer (auch nicht mittelbarer) ist. Was die Haushilfe hat, ist bereits im Besitz des X.

Leitsatz 26

Auftrag / Geschäftsbesorgung

Der Auftrag (§ 662) setzt **Unentgeltlichkeit** voraus. Die Geschäftsbesorgung (§ 675) ist **entgeltlich**.

In unserem Fall handelte die Haushaltshilfe also in Form einer Geschäftsbesorgung als Besitzdienerin, und wir kommen zum sofortigen Eigentumsübergang vom Verkäufer auf X.

Fall 59

Noch einmal schickt X die Freundin Fine in den Laden gegenüber. Diesmal soll sie die „Frankfurter Allgemeine" von heute besorgen. Wie unterscheidet sich dieser Fall von allen vorhergehenden?

Betrachten Sie nur die schuldrechtliche Seite!

In den anderen Fällen hat F stets einen gewissen Handlungsspielraum. Es war ihr überlassen, welche und wie viele Magazine sie kaufen wollte. Jetzt dagegen hat sie keine Handlungsfreiheit mehr; ihr Auftrag ist genau präzisiert.

- Zum Begriff des Bevollmächtigten gehört jedoch ein gewisser Spielraum in der Entschließung.

Abgabe einer vorproduzierten Willenserklärung ist Sache eines bloßen Boten.

F war demnach hier Botin, d.h. sie reproduzierte eine fix und fertige Erklärung.

Ein Bote hat nur einen Auftrag, nie Vollmacht. Es entfallen die §§ 164 ff; gemäß § 433 ist der Kaufvertrag direkt zwischen X und Händler zu Stande gekommen, etwa so, als ob X den Händler persönlich angerufen hätte. Nicht Fine hat gesprochen, sondern X selbst. Fine war nur Leitungsdraht, Sprachrohr, Brief des X.

Eine Übersicht macht dies deutlich.

Übersicht 15: Bote, Vertreter

Bote	Vertreter
kein Entscheidungsspielraum	Entscheidungsspielraum
Reproduzent **fremder** Erklärung	Produzent **eigener** Erklärung
hat nur Auftrag, **nie** Vertretungsmacht	**immer** Vertretungsmacht, daneben manchmal Auftrag

Fall 60

Wie vorher, bloß kauft Fine statt der gewünschten „Frankfurter Allgemeinen" irrtümlich die „Frankfurter Rundschau". Die wollte X natürlich keinesfalls haben. Wer kann anfechten?

Wo war die Anfechtung nochmal im BGB? Na, einfach einmal zurückblättern und im Gesetz suchen.

Genau, gefunden: Gemäß § 120 kann X wegen falscher Übermittlung den an sich zu Stande gekommenen Kaufvertrag anfechten.

Aber Achtung: § 120 gilt natürlich nur bei Irrtum von Boten, nicht von Stellvertretern, da letztere, wie gesehen, Erklärungen nicht übermitteln, sondern selbst produzieren.

Wie ist die Sachlage bei Vertretern? Hier muss differenziert werden. Irrte der Stellvertreter innerhalb oder außerhalb seiner Vertretungsmacht (§ 164 I)?

innerhalb ▶ der Vertreterirrtum wird über § 166 I BGB gelöst

außerhalb ▶ so gilt § 177 I (Vertreter ohne Vertretungsmacht)

Geschäfte mit sich selbst

Fall 61

X hat die Freundin Fine wieder gebeten, Magazine in seinem Namen zu kaufen. Einen bestimmten Laden hat er ihr diesmal nicht genannt. Da Fine zufällig selbst einen Zeitungsladen besitzt, „kauft" sie die Magazine ohne Wissen des X bei sich selbst. Sie als Geschäftsinhaberin schließt mit sich als Vertreterin des X einen Vertrag. Ist das möglich?

Überlegen Sie, was grundsätzlich **gegen** solche Geschäfte sprechen könnte.

Zunächst weiß bei Geschäften dieser Art niemand genau, wann und ob ein Vertrag zu Stande gekommen ist. Man ist allein auf die **Behauptung** des Vertreters angewiesen. Neben dem Argument der **mangelnden Rechtsklarheit** spricht auch noch die Möglichkeit von **Interessenkonflikten** (z.B. über den Preis) gegen die Zulassung der **Insichgeschäfte**. Der Gesetzgeber hat daher den Vertragsschluss mit sich selbst (auch **Selbstkontrahieren** genannt) grundsätzlich für unwirksam erklärt, § 181.

Bei einem solchen Insichgeschäft liegt dann eine Überschreitung der Vertretungsmacht vor. Das Rechtsgeschäft ist entsprechend § 177 BGB **schwebend unwirksam**. Der Vertrag kann von dem Vertretenen nachträglich genehmigt werden.

Zurück zum **Fall**. Das Insichgeschäft der Freundin ist also schwebend unwirksam. Ob der X es wohl genehmigen wird?

Eine schöne Konstellation für die **Klausur**.

Tipp: *Solche Vollmachten kommen häufig im Gesellschaftsrecht vor, etwa beim Geschäftsführer einer Gesellschaft (Vertretungsbefugnis). Da dort für die Funktion häufig das Insichgeschäft notwendig ist, wird in der Regel § 181 ausgeschlossen, also das Insichgeschäft erlaubt.*

Und jetzt ein Verständnisfall mit Augenzwinkern.

Fall 62

Die Eltern schenken ihrem fünfjährigen Kind ein paar Äpfel. Ist das Kind Eigentümer geworden?

Was haben Sie in den ersten Lektionen gelernt? Das fünfjährige Kind ist gem. §§ 104 Ziff. 1, 105 geschäftsunfähig.

Da es seine Geschäfte nicht selbst führen kann, sind die Eltern seine gesetzlichen Vertreter, §§ 1626 I, 1629 I. Die Übereignung der Äpfel an das Kind kann nur durch ein Insichgeschäft vorgenommen werden, d.h. auf beiden Seiten des Vertrages stehen die Eltern, und zwar das eine Mal als selbstständig handelnde Personen, das andere Mal als Vertreter des Kindes. Dies gilt für den schuldrechtlichen Vertrag der Schenkung (§ 516) und für die Einigung des § 929.

Erinnerung: Die Besitzergreifung des § 929 kann ja als Tathandlung vom Kind selbst vollzogen werden.

Die klare Folge: Die Übereignung der Äpfel muss unwirksam sein. Sie kann ja auch nicht genehmigt werden vom Kind.

Aber was meinen Sie? Ist diese Art des Selbstkontrahierens, die ja nur dem Kinde dient, nicht vielleicht doch erlaubt?

Bitte lesen Sie § 181 genau! Eine Verpflichtung könnte der Ausweg sein. Die Eltern sind als Verwandte grader Linie nach § 1601 zum Unterhalt des Kindes verpflichtet. Durch die Hingabe der Äpfel handeln sie daher nur in Erfüllung einer Verpflichtung (§ 181, Nachsatz), sodass Schenkung und Übereignung wirksam sind. Ach Gott sei Dank!

Fall 63

Und wenn es sich nun nicht um Eltern und Kinder handelt und dem Vertretenen trotzdem lediglich ein rechtlicher Vorteil zukommen soll?

Ja, muss man dann sich nicht „Sinn und Zweck“ greifen und sagen, eine Interessenkollision ist doch ausgeschlossen, ein Geschenk muss einfach möglich sein? Stimmt, dass ist die Rechtsmeinung.

Verfügung eines Nichtberechtigten

Fall 64

A braucht schnell Geld und beauftragt und bevollmächtigt daher B, eine ihm gegen C zustehende langfristige Darlehensforderung zu verkaufen und abzutreten. B veräußert die Forderung in A's Namen an D. Ist D Gläubiger geworden?

Brauch man bei vier Beteiligten schon eine Zeichnung? Also A hat B als Vertreter eingeschaltet. Zunächst wurde B beauftragt (§§ 662 ff) und bevollmächtigt (§§ 164 ff). Dies ist alles rechtmäßig.

Und der Verkauf? D hat gem. §§ 164 I, 433, 398 die Forderung des A wirksam käuflich erworben.

Ergebnis des Falls: D ist der neue Gläubiger des C.

Fall 65

B weiß, dass sein Freund A dringend Geld braucht und deswegen eine ihm gegen C zustehende Forderung gem. § 433, § 398 veräußern möchte. Als sich daher eine gute Gelegenheit bietet, den Darlehensanspruch an D zu veräußern, tut B dies auf gut Glück „im Auftrag des A", ohne jedoch von A bevollmächtigt und beauftragt zu sein. Ist der Erwerber D Gläubiger der Forderung geworden?

Der Unterschied zum Fall oben? Dieses Mal hat B keine Vollmacht und will nur Gutes tun.

Diesmal handelte B als Geschäftsführer ohne Auftrag und als falscher Vertreter. Beide Geschäfte, Verpflichtung (§ 433) und Verfügung (§ 398) sind gem. § 177 schwebend unwirksam. Die Rechtsbeziehung zwischen A und B, das Innenverhältnis, bestimmt sich nach den Grundsätzen der Geschäftsführung ohne Auftrag (§§ 677 ff).

Dass ein gutgläubiger Erwerb bei Forderungen nicht infrage kommt, haben Sie schon in Lektion 4 gesehen.

Wenn A die Geschäfte des B genehmigt, gelten sie als von Anfang an wirksam (§§ 182, 184); sonst bleiben sie unwirksam (vgl. § 179).

Exkurs: Dies bringt uns kurz zu dem angesprochenen Thema Geschäftsführung ohne Auftrag (GoA). Es betrifft Fälle, in denen einer ein Geschäft für einen anderen besorgt, ohne ihm gegenüber aufgrund eines Auftrags oder eines sonstigen Grunds hierzu berechtigt zu sein (§§ 677–687). Dieses Rechtsgebiet ist auch sehr umfassend und verästelt. Man kann problemlos eine zehnstündige Vorlesung damit füllen. Andererseits wird es in der Rechtspraxis selten relevant.

Beispiele:

- Mieter kauft für den Vermieter Streusalz, damit keiner auf dem Gehweg fällt.
- Spaziergänger findet nachts im Park jemanden stark blutend und bewusstlos. Er trägt ihn ins Krankenhaus, wobei seine Jacke durch Blut ruiniert wird.
- Grundstückseigentümer lässt ein KFZ, das eine wichtige Einfahrt versperrt, abschleppen.

Jetzt wird über das Geld für Streusalz, für die Jacke bzw. die Abschleppkosten gestritten.

Leitsatz 27

Geschäftsführung ohne Auftrag

Die GoA ist ein **gesetzliches Schuldverhältnis** welches in den §§ 677 - 687 geregelt ist. Einer nimmt ohne Berechtigung Handlungen für einen Anderen vor. Die Beteiligten heißen **Geschäftsherr** und **Geschäftsführer.** In der Regel möchte der Geschäftsführer (ohne Auftrag) dann trotzdem **Aufwendungsersatz** oder **Schadensersatz**.

Und? Haben Sie hierzu schon eine Karteikarte angelegt?

Soweit der Exkurs GoA und zurück zum Thema Verfügung des Nichtberechtigten.

Fall 66

Wie im Fall 64 oben (ggf. nochmals kurz ansehen), jedoch verkauft und überträgt B die Forderung im eigenen Namen; er sagt dem D, A habe sie ihm übertragen und er wolle sie weiterverkaufen.

a) Wie steht es zunächst mit dem Kausalgeschäft?

Verpflichten kann man sich - wie wir gelernt haben - zu allem, was nicht ausdrücklich verboten (§§ 134, 136) oder sittenwidrig (§ 138) ist. Daher ist hier ein wirksamer Kaufvertrag (§ 433) zwischen B und dem Käufer D zu Stande gekommen.

b) Wie steht es mit dem abstrakten Abtretungsvertrag?

§ 177 entfällt, da B im eigenen Namen verfügte und nicht in fremdem Namen. § 185 regelt den vorliegenden Fall. Aus dem Wortlaut des § 185 geht nicht klar hervor, dass hier nur Verfügungen im eigenen Namen gemeint sind. Soweit möglich, sollten Sie sich das bei § 185 im Gesetz notieren.

Nach § 185 ist die Zession (Übertragung) der Forderung schwebend unwirksam, während der Kaufvertrag im Verhältnis B - D gilt. Wenn A genehmigt, wird die Abtretung gem. §§ 182 I, 184 I rückwirkend wirksam; wenn er die Genehmigung verweigert, gilt das Geschäft als von Anfang an nichtig (§ 182 I).

Das ist also die Falllösung: Schwebend unwirksam! Und wenn Freund A wirklich Geld benötigt und es ein guter Verkauf war, ob er es dann genehmigt?

Fall 67

Wie Fall 66, bloß verkauft B diesmal nicht eine Forderung, sondern ein Buch, das A ihm geliehen hatte, ohne Auftrag im eigenen Namen an D. Ist auch jetzt die Verfügung schwebend unwirksam?

Erinnern Sie sich bitte an die zurückliegende Lektion 4!

Grundsätzlich wäre sie gem. § 185 schwebend unwirksam. Hier aber verdrängt § 932 den § 185, da D auf diese Weise schon nach dem Übereignungsvertrag mit B und nicht erst infolge der Genehmigung des A Eigentümer werden kann.

Da aus dem Sachverhalt nichts Gegenteiliges hervorgeht, hat D kraft guten Glaubens das Eigentum erworben. Die Verfügung ist sofort wirksam.

Zum Schluss noch die zusammenfassende Übersicht.

Übersicht 16: Geschäfte eines Nichtberechtigten

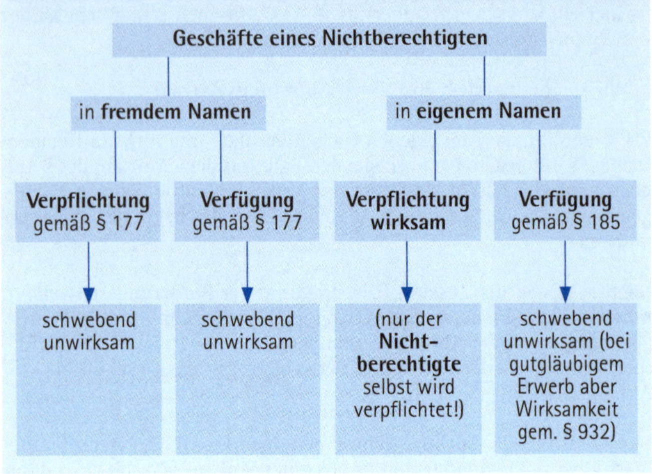

Lerntechnisches

Da Sie nun schon die Hälfte des Buches durchgearbeitet haben, müssten Sie eigentlich in der Lage sein, die immer wiederkehrenden studientechnischen Hinweise aus dem Gedächtnis zu **wiederholen**.

Zur Übung machen Sie sich bitte die **Mühe** und schreiben Sie alle Punkte jetzt, bevor Sie weiterlesen, zur Kontrolle auf einen Zettel.

Soll es auch alsbald an das Schreiben von **Klausuren** gehen? In der letzten Lektion finden Sie dazu konkrete Anleitungen, Hilfestellungen und sogar eine Musterlösung als Beispiel. Wenn Sie dann noch weitere Tipps und Techniken suchen, so finden Sie diese im entsprechenden Erfolgsbuch der GELBEN SERIE mit dem Titel **Klausuren schreiben** – *leicht gemacht*®.

Wir wollen alle lerntechnischen Hinweise noch einmal in einer Übersicht zusammenfassen.

Übersicht 17: Studientechnische Hinweise

- Bei jeder im Text aufgeworfenen Frage erst **selbstständig** überlegen, bevor Sie weiterlesen!
- Alle Leitsätze und Übersichten genauestens **einprägen**!
- Vor Beginn einer neuen Lektion die Leitsätze, Prüfschemata und Übersichten der vorhergehenden Lektion **wiederholen**!
- Langsam **lesen**, keine Unklarheiten bestehen lassen!
- Alle im Text erwähnten und am Ende der Lektionen zur Lektüre empfohlenen Paragrafen im Gesetz **nachschlagen**!
- Für alle im Text vorkommenden juristischen **Fachbegriffe**, besonders für jene mit eigenem Leitsatz, **Karteikarten** anlegen und lernen!
- Machen Sie sich in Ihrem Gesetz die jeweils empfohlenen **Vermerke** und **unterstreichen** Sie jeden im Text erwähnten Paragrafen. Wenn diese Zusatzinformationen Ihrer Prüfungsordnung nicht entsprechen, nehmen Sie dafür einen zweiten BGB-Text.

Sollten Sie nicht alle Punkte parat gehabt haben, so studieren Sie bitte diese Übersicht noch einmal besonders gründlich und beachten Sie diese in Zukunft besonders genau. Dadurch werden Sie zum Studium dieses Bandes vielleicht 10 % mehr Zeit brauchen, aber Sie gewinnen 100 % mehr positives Wissen, als wenn Sie es nur oberflächlich lesen.

Lektion 9: Verrichtungs- und Erfüllungsgehilfe

Der Verrichtungsgehilfe

Fall 68

Zwei Arbeiter, die ein Baugerüst an einer Straße abbauen, werfen Bretter auf die Straße. Infolge Fahrlässigkeit wird dabei ein Passant P verletzt. Dass P Ansprüche gegen die Arbeiter persönlich hat, ergibt sich aus §§ 823, 840. Sollten die Arbeiter nicht zahlungsfähig sein, so taucht die Frage auf: Hat P auch Ansprüche gegen den Inhaber des Bauunternehmens?

Lesen Sie wieder die §§ 823 ff!

Einschlägig ist hier § 831 I 1. Diese Norm ist eine gewöhnliche Haftungsgrundlage wie § 823 oder § 826, bloß mit dem Unterschied, dass hier das Verschulden von vornherein vermutet wird und der in Anspruch Genommene seine Unschuld beweisen muss – entgegen der sonst geltenden Regel, dass der Anspruchsteller das Vorliegen aller Tatbestandsmerkmale zu beweisen hat.

Haftungsgrund ist in § 831 Verschulden bei der Auswahl und Überwachung der Arbeiter. Gehaftet wird damit nicht für fremdes, sondern für eigenes Verschulden.

In der Praxis wird dem Arbeitgeber allerdings u.U. der Entlastungsbeweis (Exkulpation) gelingen, wenn er dartun kann, dass er die Arbeiter sorgfältig auswählte und es auch nicht an der normalerweise üblichen Beaufsichtigung der Baustelle fehlen ließ, § 831 I 2. Der Anspruch aus § 831 ist also kein sehr scharfes Schwert.

Fall 69

Wie vorher (Fall 68), bloß klagt der verletzte Passant jetzt nicht gegen den Inhaber des Bauunternehmens, sondern gegen den Bauherrn. Liegt auch jetzt § 831 vor?

Wie sich aus dem Wort Geschäftsherr in § 831 I 2 ergibt, muss zwischen dem unmittelbar handelnden Verrichtungsgehilfen und dem in Anspruch genommenen Geschäftsherrn ein enges Abhängigkeitsverhältnis bestanden haben, kraft dessen der Gehilfe an die Weisungen des Herrn gebunden war und Zeit und Umfang seiner Tätigkeit nicht selbst bestimmen konnte.

Ein solches Verhältnis liegt hier nur zwischen den Arbeitern und dem Chef des Bauunternehmens vor. Weder die Bauarbeiter, noch der Architekt, noch der Chef des Bauunternehmens sind Verrichtungsgehilfen (wie der Terminus bei § 831 lautet) des Bauherrn, denn sie sind gegenüber dem Bauherrn in ihrer Zeit- und Arbeitseinteilung relativ frei. Es fehlt an dem strengen Abhängigkeitsverhältnis, dessen notwendiges Vorliegen u.a. aus dem Wort „Geschäftsherr" folgt.

Sie sollten sich daher den Wortteil „-herr" im Gesetz unterstreichen. Außerdem sollten Sie sich das Wort „widerrechtlich" in § 831 I 1 unterstreichen und §§ 823 ff daran vermerken, denn die Voraussetzung für die Anwendung von § 831 ist das Vorliegen eines (objektiv) widerrechtlichen Delikts des Gehilfen.

Im diesem Fall liegt also kein § 831 vor. Es fehlt am engen Abhängigkeitsverhältnis.

Fall 70

Auf einer Winterbaustelle bewerfen sich die Arbeiter mit Schneebällen. Ein Schneeball trifft den Passanten P ins Auge. Hat P neben seinen Ansprüchen aus § 823 gegen den Arbeiter noch Ansprüche aus § 831 gegen den Inhaber des Bauunternehmens?

Wie unterscheidet sich dieser Fall von dem vorherigen?

Das Werfen der Bretter in Fall 69 war ein Teil der normalen Arbeit der Bauarbeiter. Es stand damit in notwendigem Zusammenhang. Dies ist beim Schneeballwerfen nicht der Fall. Die Verletzung geschah hier nur bei Gelegenheit der Arbeit, nicht „in Ausführung der Verrichtung", wie es § 831 verlangt.

Die Lösung ist also: Keine Ansprüche aus § 831.

Sie sollten sich die Stelle „in Ausführung der Verrichtung" im Gesetz unterstreichen, um sie nicht zu übersehen.

Prüfschema 6: Haftung für den Verrichtungsgehilfen

Haftet der Geschäftsherr für den Verrichtungsgehilfen gem. § 831?

I. **Verrichtungsgehilfe** (zu einer Verrichtung bestellt)?

II. **Unerlaubte Handlung** des Verrichtungsgehilfen gem. §§ 823 ff (widerrechtlich)?

III. In **Ausführung** der Verrichtung (nicht bei Gelegenheit)?

IV. **Entlastungsbeweis** des Geschäftsherrn gem. § 831 I 2 (keine Exkulpation)?

V. Rechtsfolge: **Schadensersatz** (§§ 249 ff, 842 ff)

Der Erfüllungsgehilfe

Fall 71

Denken Sie noch einmal an den Fall 49 zurück, in welchem der Steuerberater S durch eine falsche Auskunft bei einem Unternehmen einen Schaden verursachte. Wie wäre es, wenn nicht S persönlich, sondern der bei ihm angestellte Bilanzbuchhalter X die Auskunft gegeben hätte?

Da der Bilanzbuchhalter X kein Delikt im Sinne der §§ 823 ff begangen hat, entfällt § 831 als Anspruchsgrundlage gegen S.

Also was tun? Das BGB hilft hier mit § 278. S hat das Verschulden des X so zu vertreten, als ob es sein eigenes wäre.

Im Gegensatz zu § 831 ist § 278 aber keine selbstständige Anspruchsgrundlage, sondern nur eine Zurechnungsregel. Es ist also immer nur Brücke zu dem Haftungsgrund „fremdes Verschulden“ und muss daher in der praktischen Arbeit auch immer zusammen mit diesem zitiert werden.

Bekommen Sie das in diesem Fall alleine hin?

Vergleichen Sie ihre Antwort: Anspruch aus positiver Vertragsverletzung (§§ 280 I, 241 II) beim Geschäftsbesorgungsvertrag (§ 675) in Verbindung mit § 278.

§ 831 ist nur deswegen selbstständige Anspruchsgrundlage, weil dort der Grund der Haftung das eigene Verschulden bei der Überwachung usw. ist.

Da über § 278 für fremdes Verschulden gehaftet wird, entfällt auch z.B. die in § 831 vorgesehene Exkulpationsmöglichkeit des S.

Fall 72

In Fall 52 hatte der Wirt W durch Verschütten der Tomatensuppe die Bluse der Studentin beschädigt. Wie wäre dies, wenn nicht dem Wirt persönlich, sondern einem angestellten Kellner K das Missgeschick passiert wäre? Hätte die Studentin trotzdem Ansprüche gegen W?

a) Die positive Vertragsverletzung beim Kaufvertrag (§§ 280 I, 241 II, 433), durch das Handeln des Erfüllungsgehilfen K, hat W über § 278 zu vertreten.

b) Daneben aber greift § 831 ein, da der Gehilfe bei Ausführung seiner Verrichtung eine unerlaubte Handlung (§ 823) begangen hat. Das Abhängigkeitsverhältnis W – K liegt auch eindeutig vor. Indiz hierfür ist meist das Vorliegen eines Dienstvertrages (ein Indiz für das Gegenteil ist ein Werkvertrag). Allerdings greift § 831 nicht durch, wenn W den Exkulpationsbeweis führen kann.

Sie sehen:

- bei § 278 ist nötig, dass sich die Schädigung im Rahmen eines bestehenden Schuldverhältnisses abspielt
- § 831 hat nur ein Delikt des Gehilfen zur Voraussetzung, gleichgültig, ob sich dieses innerhalb oder außerhalb eines Schuldverhältnisses abspielte

Fall 73

X schickt dieses Mal seine Freundin Fine mit Geld zur Bank, um eine bestimmte Darlehenssumme für Y termingerecht einzuzahlen. Fine vergisst den Auftrag und zahlt das Geld erst eine Woche später ein. Hierdurch gerät Y, der sich auf die termingerechte Rückzahlung verlassen hatte, in Schwierigkeiten, und er erleidet einen Schaden. War hier Fine als Freundin auch die Erfüllungsgehilfin von X?

Ja, denn § 278 verlangt kein Abhängigkeitsverhältnis wie § 831.

Damit haftet X in diesem Fall für den Schaden des Y gem. §§ 280 I, II, 286 I, II Nr. 1, 278, 488 BGB (Verzug beim Darlehensvertrag).

Damit können wir nun eine Übersicht zeichnen.

Übersicht 18: Haftung für Gehilfen

	Erfüllungsgehilfe (§ 278)	**Verrichtungsgehilfe** (§ 831)
Anwendungsgebiet	Schädigung durch **Vertragsverletzung** oder Verletzung eines sonstigen Schuldverhältnisses	Schädigung durch **Delikt** (§§ 823 ff), gleich, ob innerhalb oder außerhalb eines Schuldverhältnisses
Wesen	Haftung für **fremdes** Verschulden, daher § 278 **nicht** selbstständige Anspruchsgrundlage	Haftung für **eigenes** Verschulden bei der Überwachung usw., daher § 831 selbstständige **Anspruchsgrundlage**
Gehilfe	Jeder, der mit Wissen und Wollen für den Schuldner bei der Erfüllung einer Verpflichtung **tätig** wird	Jeder, der weisungsgebunden im **Abhängigkeitsverhältnis** zum Geschäftsherr steht
Exkulpation	Entlastungsbeweis naturgemäß **nicht** möglich	Verschulden bei der Überwachung wird vermutet, aber Entlastungsbeweis **möglich**

Lektion 10: Gesellschaft und Verein

Gesellschaft

Grundlagen

Fall 74

Drei Studenten, A, B und C verdienen sich in den Semesterferien Geld, indem sie in ihrem Heimatort Hamm und im Umkreis unter dem Namen „Hamm Hot Dogs" (HHD) Popmusik machen. Sie bestreiten Anschaffungen und Auslagen gemeinsam und teilen den Gewinn. Sonst ist nichts vereinbart. In welchem Rechtsverhältnis stehen sie zueinander?

Die drei haben eine **BGB-Gesellschaft** gegründet (auch genannt **Gesellschaft des bürgerlichen Rechts; GbR**). Wer nix macht, gründet fast von alleine eine GbR.

Die GbR ist die Grundform der Gesellschaft. Sie wird in den **§§ 705 – 740** geregelt. Die Vorschriften des HGB sind **nicht** unmittelbar anwendbar. Diese Gesellschaftsform wird vielfach genutzt, etwa von Arbeitsgemeinschaften (z.B. von Bauunternehmern, Praxisgemeinschaften oder Lotteriegemeinschaften). Sofern die GbR nur für kurze Dauer gegründet wurde, wird sie auch als **Gelegenheitsgesellschaft** bezeichnet.

Die GbR ist eine unkomplizierte Form der Gesellschaft. Besondere Formalitäten sind nicht erforderlich, eine mündliche Vereinbarung zwischen den Gesellschaftern ist ausreichend. Ein schriftlicher Vertrag ist allerdings empfehlenswert, um Problemfälle, wie Geschäftsführung oder Trennung, fest zu regeln. Ein Mindestkapital ist nicht vorgeschrieben.

Im **Gesellschaftsvertrag** verpflichten sich die mindestens zwei Gesellschafter, gewisse Dinge **gemeinsam** zu tun, also einen gemeinsamen Zweck zu fördern. Wenn die BGB-Gesellschaft HHD daher z.B. einen Saal mieten soll, so müssen alle drei Gesellschafter gemeinsam auftreten.

Bitte lesen Sie die **§§ 709 I, 714**. Beachten Sie: So wie bei „Auftrag und Vollmacht" zwischen Vollmacht im Außen- und Auftrag im Innenverhältnis unterschieden wurde, so trennt man bei der GbR zwischen

- Vertretungsbefugnis im Außenverhältnis
- Geschäftsführungsbefugnis im Innenverhältnis

Auf den ersten Blick wirkt der Zwang, alles gemeinsam zu tun, hinderlich und umständlich. In der Praxis aber wird sehr oft von der Einrichtung der Vollmacht Gebrauch gemacht und ein Gesellschafter zur Vertretung aller Gesellschafter auf bestimmten Gebieten ermächtigt (§ 164). Wenn das nicht der Fall ist, müssten freilich bei jedem Vertragsabschluss der Gesellschaft alle Gesellschafter aufmarschieren.

Exkurs Personengesellschaften: Die BGB-Gesellschaft gehört zu den Personengesellschaften, also zu den Gesellschaften, die eine Personenvereinigung sind (Gegensatz: Juristische Personen wie GmbH). Weitere Personengesellschaften sind:

- die Offene Handelsgesellschaft (OHG)
- die Kommanditgesellschaft (KG)
- die Partnerschaftsgesellschaft (für freie Berufe)

Das Recht aller dieser Gesellschaftsformen baut auf dem der BGB-Gesellschaft auf. Daher ist die Kenntnis der §§ 705 ff für die Fächer Jura und Wirtschaft gleichermaßen wichtig. Mehr zu den Gesellschaftsformen finden Sie im Buch HGB – *leicht gemacht*®.

Soweit der Exkurs Personengesellschaften.

Fall 75

X und Y beschließen eine Autofahrt zusammen zu unternehmen, bilden dazu eine Fahrgemeinschaft und fahren von A-Stadt nach B-Stadt. Eine BGB-Gesellschaft?

Aber es bekommt doch kein Außenstehender etwas mit. Stimmt! Daher gibt es auch zwei Sorten GbR:

- die Innengesellschaft
- die Außengesellschaft

Die Außen-GbR tritt als Gesellschaft nach außen im Rechtsverkehr in Erscheinung, die Innen-GbR eben nicht.

In unserem Fall wurde also mit der Fahrgemeinschaft eine GbR in Form einer Innengesellschaft gegründet. Sie müsste daher wohl richtiger Fahrgesellschaft heißen.

Fall 76

A verkauft und übereignet die den Hamm Hot Dogs gehörende Trompete, die er nach den gemeinsamen Auftritten immer mit nach Hause nimmt, im eigenen Namen an den gutgläubigen X. Hat dieser das Eigentum erworben?

Vorweg müssen Sie sich die Eigentumslage vor der Veräußerung klarmachen.

Suchen Sie unter §§ 705 ff! Sie müssen überlegen, was unter gemeinschaftlichem Eigentum im Sinne von §§ 719, 718 zu verstehen ist.

Exkurs gemeinschaftliches Vermögen: Mit der Institution des gemeinschaftlichen Vermögens operiert das BGB auch noch in zwei anderen Fällen: der ehelichen Gütergemeinschaft (§§ 1416, 1419) und der Erbengemeinschaft (§ 2032). Mehr zu den beiden Gemeinschaften im Abschnitt IV zum Familien- und Erbrecht.

- Man spricht in diesen Fällen von einem Vermögen zur gesamten Hand oder einem Gesamthandsvermögen oder einem gesamthänderischen Vermögen

Leitsatz 28

Vermögen / Eigentum

Der Ausdruck **Vermögen** bezeichnet eine **Summe von Gegenständen**, während **Eigentum** stets die Berechtigung bezüglich **einzelner Sachen** meint. Bei einzelnen Sachen spricht man daher von **Gesamthandseigentum**.

Leitsatz 29

Gesamthandsvermögen

Gesamthandsvermögen bedeutet, dass das ungeteilte und grundsätzlich unteilbare Eigentums-und Verfügungsrecht an dem Gesamtvermögen und den Einzelsachen **nur** den Gesellschaftern in ihrer Gesamtheit zusteht. Der Einzelne ist grundsätzlich nicht verfügungsberechtigt.

Soweit der Exkurs gemeinschaftliches Vermögen, zurück zum Fall.

Und? Erinnern Sie sich noch an die Regeln zum gutgläubigen Erwerb von Sachen der Lektion 4. Helfen diese X?

Ja, im vorliegenden Fall hat X gutgläubig das Eigentum erworben (§ 932). A handelte zwar als Nichtberechtigter (§ 185), da er nicht (Allein-) Eigentümer war, aber die Sache war wegen seines unmittelbaren Besitzes der Gesellschaft nicht abhanden gekommen (§ 935).

Exkurs zwei Eigentumsarten: Außer dem Gesamthandseigentum kennt das BGB noch das Miteigentum nach Bruchteilen, welches keinen so strengen Verfügungsbeschränkungen unterworfen ist. Es ist in § 1008 geregelt; die schuldrechtliche Seite ist den §§ 741 ff zu entnehmen. Am besten vermerken Sie sich § 741 bei § 1008 und umgekehrt. Der Miteigentümer kann seinen Anteil jederzeit übereignen (§ 747) bzw. Teilung verlangen, § 749. (Eine einseitige Verfügung über das ganze gemeinsame Vermögen bzw. über einzelne Gegenstände durch einen Anteilsberechtigten ist naturgemäß auch beim Miteigentum ausgeschlossen).

Der Hauptunterschied der zwei Eigentumsarten im Übrigen ist der, dass der Miteigentümer anders als der Gesamthänder jederzeit verlangen kann, dass der gemeinsame Kuchen aufgeteilt wird und dass er seinen Anteil auch schon übereignen kann, bevor der Kuchen zerschnitten ist.

Das Miteigentum, auch Bruchteilseigentum genannt, entsteht z.B. durch gemeinsamen Lottogewinn, durch Verbindung gem. § 947, vertragliche Vereinbarung gem. § 311 I usw. Das Gesamthandseigentum gibt es nur in den drei gesetzlich vorgesehenen Fällen (GbR, eheliche Gütergemeinschaft, Erbengemeinschaft).

Soweit der Exkurs zwei Eigentumsarten. Gleich ein neuer Fall.

Fall 77

B und C wollen ihren Spezi D als zweiten Gitarristen in die Band aufnehmen. A widersetzt sich. Mit Erfolg?

Bitte erinnern Sie sich an die allgemeinen Grundsätze der Lektion 5 „Verträge soll man halten". Der Gesellschaftsvertrag ist zwischen A, B und C abgeschlossen worden und bindet alle drei. Einen alten Vertrag kann man nur durch eine neue Vereinbarung aufheben, die aber – damit sie A bindet – zwischen allen Gesellschaftern geschlossen werden müsste.

In diesem Fall widersetzt sich A der Aufnahme eines neuen Gitarristen (Gesellschafters) also mit Erfolg. Ohne ihn geht nichts. Zum einen stimmt er ja nicht direkt zu. Zum anderen geht es auch nicht über den Umweg Vertragsänderung. Gegen die dafür notwendige Vertragsänderung, kann A sein Veto einlegen.

Hinweis: Im Rahmen der Vertragsfreiheit können die Gesellschafter natürlich von vornherein im Gesellschaftsvertrag auch das Mehrheitsprinzip für alle Entscheidungen in der Gesellschaft verankern (§ 709 II). In einem solchen Fall müsste A sich fügen.

Sie sehen: Die Regelungen des BGB zum Gesellschaftsvertrag sind z.T. sehr schwierig zu handhaben.

Tipp: *Es ist daher in der Praxis sehr wichtig, einen GbR-Vertrag schriftlich zu erstellen und u.a. folgende Punkte zu regeln:*

- *Einlagen der Gesellschafter*

- *Geschäftsführung und Vertretung*

- *Tod, Kündigung oder Scheidung eines Gesellschafters*

Scheidung? Ja, wenn dies nicht geklärt ist in den jeweiligen Ehen, kann es – wenn ein Ex-Ehepartner nach Scheidung Forderungen stellt (Anteil, Auszahlung) –, zur finanziellen Überforderung aller führen.

Haftung

Die Haftung der GbR ist ein Rechtsgebiet, in dem es leider kaum anwendbare Paragrafen gibt. Es sind praktisch alle wichtigen Punkte von der Rechtsprechung bestimmt. Daher vorab eine Erklärung der analogen Anwendung.

Leitsatz 30

Analoge Anwendung

Wenn sich in seltenen Fällen eine **regelungsbedürftige Gesetzeslücke** auftut, sucht der Jurist einen passenden Paragrafen aus einem vergleichbaren Rechtsgebiet und wendet diesen **entsprechend** an (vereinfacht).

Fall 78

Die „Hamm Hot Dogs" hatten für einen Auftritt eine Location gemietet und vergessen, die Miete zu bezahlen. Der Hauseigentümer schickt nur dem B einen Mahnbescheid über den ganzen Betrag. Muss B den ganzen Betrag zahlen?

So einfach der Fall klingt, so schwierig sind die Grundlagen. Wir gehen einzeln vor.

a) Kann eine GbR eine Location mieten?

Die BGB-Gesellschaft ist ja keine juristische Person. Aber trotzdem hat ihr die Rechtsprechung (suchen im Gesetz ist also zwecklos) in analoger Anwendung von § 124 HGB zugebilligt, selbst Vertragspartner zu werden, Rechte und Pflichten zu erwerben und ein eigenes Vermögen aufzubauen.

Die Begründung der Rechtsprechung für die analoge Anwendung: Es besteht ein praktisches Bedürfnis. Die eigentlich nicht als rechtsfähig konzipierten BGB-Gesellschaften nehmen in der Praxis tatsächlich doch wie andere Gesellschaften am Rechtsverkehr teil. Entsprechend gilt dies nur für die Außen-GbR, da nur diese am Rechtsverkehr teilnimmt.

Die HHD-GbR kann also Vertragspartner des Mietvertrages sein und könnte zudem auch, etwa aus den Gagen, ein eigenes Vermögen aufbauen.

b) Könnte dann der Hauseigentümer die Miete auch direkt von der HHD-GbR verlangen?

Wir fragen wieder die Rechtsprechung. Und die sagt: Ja, es geht. Wieder analog § 124 HGB kann eine Außen-GbR klagen und auch verklagt werden, was nach alledem ja auch konsequent ist.

Der Hauseigentümer hätte hier also gleich die Hamm-Hot-Dogs-GbR verklagen können. Aber ob in der Bandkasse viel Geld ist?

c) Kann der Hauseigentümer sich dann einen der Gesellschafter aussuchen? Muss dieser dann auch gleich die ganze Forderung zahlen oder nur seinen Bruchteil?

Was sagen Sie dazu? Was ist hier zweckmäßig?

Natürlich muss ein Gesellschafter haften. Er hat die GbR mit ins Leben gerufen und muss entsprechend mit seinem Geld dafür grade stehen. Die Anspruchsgrundlage ist wieder eine von der Rechtsprechung manifestierte analoge Anwendung, dieses Mal von § 128 S. 1 HGB.

Aber haftet er gleich für alles, nicht nur für seinen Bruchteil? Wenn der Hauseigentümer von jedem Gesellschafter nur den entsprechenden Bruchteil seiner Forderung verlangen dürfte, wäre das für ihn natürlich sehr unpraktisch. Er müsste hier drei Mahnbescheide für eine Miete schicken. Noch komplizierter wäre es bei größeren Gesellschaften. Da weiß man oft gar nicht genau, wer im Einzelnen zur Gesellschaft gehört.

Der Gesetzgeber fand es daher richtig, dass der Gläubiger sich einen beliebigen Gesellschafter herausgreifen kann und dieser dann intern von seinen Mitgesellschaftern seine Auslagen erstattet bekommt.

Bitte lesen Sie jetzt §§ 427, 421. Sie sehen, alle Gesellschafter haften als Gesamtschuldner, d.h. jeder für die ganze Leistung. Intern können sie dann gem. § 426 den Ausgleich herstellen.

Der Hauseigentümer aus unserem Fall kann sich also jeden der drei Musiker der Hamm Hot Dogs greifen und von ihm die Miete einfordern. Wenn dieser nicht zahlt, kann er ihm auch einen Mahnbescheid schicken.

Jeder der Gesellschafter haftet also für die Schulden der GbR, selbst wenn dieser (wie manchmal Bandmitglieder) gar nicht wusste, dass eine BGB-Gesellschaft gegründet wurde.

Damit ist in der Haftung der GbR-Gesellschafter aber noch nicht das Ende der Fahnenstange erreicht. Dazu ein weiterer Fall.

Fall 79

Die fünf Ärzte V, W, X, Y und Z betreiben eine Gemeinschaftspraxis in Form einer Gesellschaft bürgerlichen Rechts. Arzt Z schiebt eine dringlich gebotene Operation am Patienten P hinaus, sodass es zu einem Schaden kommt. P fordert jetzt von V, einfach weil der auf dem Arztschild oben steht, Schadensersatz. Zu recht?

Es stellt sich also die Frage, ob Arzt V zahlen muss, obgleich doch der Kollege den Fehler begangen hat. Sie ahnen es schon, er muss, und wieder ohne handfeste Paragrafen.

Die Rechtsprechung hat dies in analoger Anwendung der Grundsätze der Organhaftung von § 31 auf der schon dargestellten analogen Anwendung von § 128 HGB entwickelt. Demnach haftet jeder Gesellschafter für solche Schäden, die typischerweise bei der Berufsausübung entstehen. Insoweit ist der in berufsausübung Handelnde als Organ der GbR anzusehen. Also zuerst haftet die GbR für einen solchen Fehler eines Gesellschafters und dann jeder der Gesellschafter für die Verbindlichkeiten der BGB-Gesellschaft.

Das Verschieben einer dringend gebotenen OP ist sicher ein solcher typischer Fehler.

In unserem Fall haben also die anderen an der Gemeinschaftspraxis beteiligten Ärzte V, W, X, Y persönlich und als Gesamtschuldner einzustehen, auch wenn sie selbst keinerlei Schuldvorwurf trifft. Also auch V.

Jeder einzelne Gesellschafter **haftet** also selbst für die Verbindlichkeiten der Außen-BGB-Gesellschaft, und damit auch für arbeitstypische unerlaubte Handlungen der Mitgesellschafter:

- **persönlich** (mit seinem eigenen Vermögen)
- **unbeschränkt** (keine Summenbegrenzung der Haftung)
- **unmittelbar** (nicht bloß nachrangig)
- auf die **gesamte Forderung** (nicht bloß anteilig)

Dabei haftet er nur **gesamtschuldnerisch** (§ 421 BGB), sodass er wenigstens versuchen kann intern gem. § 426 den **Ausgleich** herzustellen.

Dabei auch der **neu** eintretende Gesellschafter gem. § 130 HGB analog für bereits bestehende Verbindlichkeiten. Der **ausscheidende** Gesellschafter haftet noch **fünf Jahre** gem. § 736 II BGB i.V.m. § 160 HGB für Verbindlichkeiten aus der Zeit davor.

Das ist natürlich eine **unglaublich große Haftung**, zumal es ja auch immer möglich ist, dass die GbR ohne konkreten Vertrag einfach so nebenbei gebildet wurde. Um es auf die Spitze zu treiben: Macht das Schild „Ärztehaus" aus allen dort niedergelassenen Ärzten schon eine GbR? Wohl nicht ganz, aber wenn noch mehr dazu kommt, könnte es schon sein.

Es ist also für die **Prüfung** wichtig, dass Sie sich die analog angewandten Paragrafen (§ 31 BGB; §§ 124, 128, 130 HGB) merken und sich ggf. diese zu § 705 dazu schreiben.

Tipp: *Für die Praxis ist es wichtig, nicht in die GbR-Falle zu tappen. Passen Sie auf, dass Sie nicht versehentlich eine Außen-GbR gründen. Wenn Sie doch eine BGB-Gesellschaft gründen, dann mit sehr gutem Gesellschaftsvertrag.*

Viele Angehörige freier Berufe gründen auch gleich eine **Partnerschaftsgesellschaft** nach dem Partnerschaftsgesellschaftsgesetz. Dort haftet in derartigen Fällen neben der Gesellschaft **nur** der den Fehler begehende Gesellschafter, nicht aber die anderen Gesellschafter.

Prüfschema 7: Haftung des GbR-Gesellschafters

Im Außenverhältnis haftet neben der GbR der Gesellschafter für Gesellschaftsschulden selbst, unmittelbar und mit seinem Privatvermögen **analog § 128 S. 1 HGB.**

I. Ist er **Gesellschafter** der GbR (ggf. Ein- oder Austrittsproblematik)?

II. Besteht eine **Außen-GbR** (tritt sie nach außen im Rechtsverkehr in Erscheinung)?

III. Besteht eine wirksame **GbR-Verbindlichkeit**?
(komplette Prüfung, ob eine Forderung gegen die BGB-Gesellschaft besteht)

Der rechtsfähige Verein (e.V.)

Fall 80

Zehn Medizinstudenten gründen einen Verein, dessen Ziele sie in einer Satzung festlegen.

1. Befreiung der Gesellschaft von Lebensmitteln, die krank machen.

2. Verbot aller Lebensmittel, die Zucker, Weißmehl oder künstliche Farbstoffe enthalten.

3. Aktive Einwirkung auf Manager der Lebensmittelindustrie, die sich nicht anpassen wollen.

Die Zehn lassen sich als „Gruppe 2040" ins Vereinsregister eintragen.

Was liegt juristisch vor?

Ein e.V. (§§ 55 ff) in Form eines sog. Idealvereins, § 21. Wenn das Gesetz von Vereinen spricht, meint es grundsätzlich immer die eingetragenen. Der e.V. ist eine juristische Person, wie sich aus der Überschrift vor § 21 entnehmen lässt.

Was bedeutet juristische Person?

Ganz einfach: Das Gesetz behandelt den Verein als solchen **wie** eine selbstständig handelnde Person. Diese steht selbstständig neben den Vereinsmitgliedern in der Welt und ist wie jede Person **rechtsfähig**, d.h. sie kann Träger von Rechten und Pflichten sein. Eigentümer des **Vereinsvermögens** z.B. ist nicht die Summe der Mitglieder, sondern der e.V., die juristische Person. Auch eine GmbH oder eine Aktiengesellschaft sind beispielsweise juristische Personen.

Dass der **Verein** außerdem **keine feste Mitgliederzahl** hat und stets nach dem **Mehrheitsprinzip** arbeitet, liegt in der Natur der Sache.

Fall 81

Der Vorsitzende mietet ein Vereinsbüro. Nach einiger Zeit ist der Verein nicht mehr in der Lage, die Miete zu zahlen (für die Zwecke dieses Vereins gibt es wohl wenig Spenden). Wie ist die Rechtslage?

Zunächst ist der Mietvertrag **unmittelbar** mit dem eingetragenen Verein zustandegekommen.

Nach § 26 II ist der **Vorstand** Vertreter des Vereins. Wenn er für den Verein einen Vertrag schließt, so schuldet **weder** er selbst, noch schulden die Mitglieder, sondern **nur** die juristische Person (§ 164).

Der **Verein** Gruppe 2040 e.V. schuldet also gem. § 535 II die Miete. Der Vermieter in unserem **Fall** muss also ggf. gegen diesen klagen. Das persönliche Vermögen von Vorstandsvorsitzenden und Mitgliedern ist für ihn außer Reichweite.

Da fragt man sich, wie kommt es nur, dass viele nur ungern direkt an Vereine vermieten?

Fall 82

Der von der Arzneimittel-Industrie hochgepuschte Professor X hat sich in seiner Vorlesung für die Essensfreiheit des Einzelnen und gegen Einschränkungen von Lebensmittelzutaten ausgesprochen. Im Hinblick auf einen Beschluss der Mitgliederversammlung der Gruppe 2040 e.V., in dem der Vorstand aufgefordert wird, „gegen diese fehlende Einsichtsfähigkeit die nötigen Maßnahmen zu ergreifen“, wirft der Vorsitzende V dem X alle Fenster seiner Wohnung ein. Wer haftet?

a) Zunächst V selber, über §§ 823 I, 823 II und 826

b) Daneben hat X Ansprüche gegen den Verein aus § 31. Der Verein haftet für die Handlungen des Vorstandes, wenn dieser „in Ausführung der ihm zustehenden Verrichtungen“ tätig war. Da der Vorsitzende hier zur Verwirklichung der satzungsgemäßen Ziele aktiv wurde, haftet die juristische Person gem. § 31.

c) Haftet die „Gruppe 2040 e.V.“ auch noch gem. § 831 (Haftung für den Verrichtungsgehilfen)?

An sich schon, weil der Vorstand an die Weisungen der Mitgliederversammlung gebunden ist. Hier ist § 31 aber ein Spezialgesetz, welches die generelle Bestimmung des § 831 verdrängt.

Genauso ist es, wenn die Schädigung anlässlich einer Organhandlung im Rahmen eines Vertrages erfolgte (z.B. positive Vertragsverletzung). Auch dann hat § 31 als Spezialgesetz den Vorrang vor § 278. Ebenso wie § 278 ist übrigens § 31 keine selbstständige Haftungsgrundlage. Es muss immer mit dem eigentlichen Haftungsgrund zusammen zitiert werden, also hier z.B. §§ 823 I, 31.

Am besten ist es, wenn Sie sich diese Zusammenhänge bei § 31 im Gesetz notieren, da es sich dabei um beliebte Klausurprobleme handelt.

Fall 83

Wie wäre es, wenn nicht ein Vorstandsmitglied, sondern ein normales Mitglied im Namen des Vereins gehandelt hätte?

Für solche Vertreter haftet der e.V. als juristische Person nach den allgemeinen Grundsätzen, d.h. wie jede natürliche Person.

Je nachdem, ob der Schaden im Rahmen eines Vertrages angerichtet wurde oder nicht, muss sich der Verein das Verschulden dieses Mitglieds allenfalls über § 278 oder § 831 (oder überhaupt nicht) zurechnen lassen. § 31, der nur für Vereinsorgane gilt, kommt also nicht zum Zuge.

Leitsatz 31

Eingetragener Verein

Der eingetragene Verein (Abkürzung **e.V.**) ist eine **juristische Person**. Diese ist z.B. Eigentümer des Vereinsvermögens. Der Verein hat **keine feste** Mitgliederzahl. Er arbeitet nach dem **Mehrheitsprinzip**. Er wird vertreten durch den **Vorstand**. Für **Verbindlichkeiten**, die der Vorstand für den Verein eingegangen ist, haftet **nur** der Verein mit seinem Vermögen.

Bei Vereinen fällt auch oft das Stichwort gemeinnützig. Dies hat eine steuerliche Relevanz, z.B. können Spendenbescheinigungen zur steuerlichen Absetzbarkeit ausgestellt werden. Die Gemeinnützigkeit gem. § 52 Abgabenordnung (AO) muss einem Verein ggf. vom Finanzamt bescheinigt werden.

Leitsatz 32

Gemeinnützigkeit

Der nach § 52 AO **gemeinnützige Verein** kann steuersparend mit **Spenden** bedacht werden.

Fall 84

Im Chor „Liederkranz e.V." gibt es häufig Streit. Zehn Mitglieder treten schließlich aus und gründen einen eigenen Verein, den sie „Harmonie" nennen. Es wird eine entsprechende Satzung beschlossen. Auf eine Eintragung im Vereinsregister wird aber ausdrücklich verzichtet. Wie ist der neue Verein rechtlich zu klassifizieren?

Da nur der eingetragene Verein rechtsfähig ist (§ 21), liegt hier ein nichtrechtsfähiger Verein vor. Bitte lesen Sie § 54. Es ist der einzige Paragraf des BGB, der vom nichtrechtsfähigen Verein spricht. Doch was er sagt, reicht aus, um die Rechtsnatur des nicht eingetragenen Vereins zu umschreiben:

- Er ist ein Verein, der mit den Mitteln des Gesellschaftsrechts konstruiert ist.

Nach der gesetzlichen Regelung des § 54 müssten dann die Mitglieder (wie die GbR-Gesellschafter) auch mit ihrem Privatvermögen für Verbindlichkeiten des Vereins haften. Die **Rechtsprechung** hat dies aber aufgehoben. Solange der nichtrechtsfähige Verein nicht in erster Linie wirtschaftlich tätig ist, **haften** die Mitglieder **nicht** mit ihrem Privatvermögen.

Etwas absurd: Der **nicht**rechtsfähige Verein ist **teilrechtsfähig**. Es ist anerkannt, dass er Arbeitgeberfunktionen ausüben kann und im Steuerrecht ist er steuerpflichtig. Nichtrechtsfähige Vereine können zudem gem. § 50 II ZPO klagen und verklagt werden.

Das Institut des nichtrechtskräftigen Vereins hat auch gesellschaftliche **Bedeutung**. Viele **Gewerkschaften** sind so organisiert. Sie wollen u.a. nicht unter der Kontrolle des gerichtlich geführten Vereinsregisters stehen. Auch **Studentenverbindungen** sind häufig als nichtrechtsfähiger Verein organisiert.

Wenn Sie jetzt so **nachzählen**, auf wie viele verschiedene Vereinstypen kommen Sie? Wir kommen auf vier (Rechtsfähig? Gemeinnützig?). Und diese Anzahl können wir nochmals verdoppeln. Neben den bisher behandelten **Idealvereinen** gibt es noch die Wirtschaftlichen Vereine gem. §§ 22 ff, die auch in allen Varianten vorkommen.

So können wir eine **Übersicht** über die acht Varianten erstellen.

Übersicht 19: Acht Varianten des Vereins

Nichtrechtsfähige Vereine				**Rechtsfähige Vereine**			
Idealverein		Wirtschaftlicher Verein		Idealverein		Wirtschaftlicher Verein	
Vom Finanzamt anerkannte Gemeinnützigkeit							
ja	nein	ja	nein	ja	nein	ja	nein

Tipp: *Sollten Sie in der Realität, Rechtspraxis oder Prüfung einen Verein antreffen, so ist es nicht unsinnig, erst einmal festzustellen, in welche der acht Varianten dieser zu sortieren ist.*

Übersicht 20: BGB-Gesellschaft, Verein

	BGB-Gesellschaft	nichtrechtsfähiger Verein	rechtsfähiger Verein (e.V.)
Wesen	Gesellschaft rechtsfähig. Feste Mitgliederzahl.	Verein als solcher nicht rechtsfähig. Unbestimmte Mitgliederzahl.	Verein ist rechtsfähige juristische Person. Unbestimmte Mitgliederzahl.
Entscheidungsfindung	Einstimmigkeitsprinzip (Grundsatz)	Mehrheitsprinzip	Mehrheitsprinzip
Eigentumsverhältnisse	Gesamthandseigentum	Gesamthandseigentum	Vereinsvermögen gehört der juristischen Person
Vertretung	Grundsätzlich alle Gesellschafter gemeinsam. Außer ein Einzelner ist als Geschäftsführer bevollmächtigt	Der Vorstand ist zur Vertretung der Mitglieder bevollmächtigt	Die juristische Person handelt durch ihr Organ Vorstand selbst
Haftung (Grundsatz)	Für Gesellschaftsschulden haftet wahlweise das Gesellschaftsvermögen oder jeder Gesellschafter persönlich. Dies betrifft sowohl vertragliche als auch deliktisch begründete Verbindlichkeiten (analog 31 BGB; 124, 128, 130 HGB)	Für Vereinsschulden haftet das Vereinsvermögen. Das einzelne Mitglied nur wie folgt: a) Idealverein → keine persönliche Haftung b) wirtschaftlicher Verein (§§ 22 ff) → Haftung §§ 54 S. 1, 705 BGB, 128 HGB analog	Für Vereinsschulden haftet nur das Vereinsvermögen. Für das einzelne Mitglied besteht keine Haftung.

Lektion 11: Amtshaftung

Lassen Sie uns gleich mit einem Leitsatz anfangen.

Leitsatz 33

Definition Amtshaftung

Die Amtshaftung ist die besondere **Haftung des Staates** oder anderer öffentlicher Körperschaften für ihre **Bediensteten.**

Fiskalischer Bereich

Fall 85

Der Malermeister A streicht für eine Stadt das Rathaus. Die Zahlung des Werklohns war für einen bestimmten Tag vereinbart. Der Bürgermeister übersieht den Termin. Durch das Ausbleiben des Werklohns gerät A in geschäftliche Schwierigkeiten und erleidet einen Schaden. Wie ist die Rechtslage?

Grundsätzlich muss der Verzugsschaden gem. §§ 631, 286 I, II 1, 280 I, II ersetzt werden. Verzug ist, wie Sie wissen, Nichtleistung trotz Fälligkeit und Mahnung.

Der Bürgermeister ist nicht persönlicher Schuldner des A, weil nicht er, sondern die Stadt, eine juristische Person des Öffentlichen Rechts, Vertragspartner ist. Gem. § 89 I muss die Stadt im nichthoheitlichen Bereich genauso für das Verschulden ihrer Organe über § 31 einstehen wie juristische Personen des Privatrechts.

Dass die Vergabe von Bauaufträgen keine hoheitliche, d.h. auf Über- oder Unterordnung beruhende Handlung ist, wurde bereits in Lektion 1 erwähnt. Daher ist im vorliegenden Fall die Stadt gem. §§ 89, 31, 280, 286 schadensersatzpflichtig.

Bei § 89 muss man sich aber merken, dass die Bestimmung nur gilt, wenn die betreffende Behörde privatrechtlich handelt. Diese Unterscheidung ist sehr wichtig. Sie sollten sie sich gut einprägen. Da sie im Text des § 89 auch nicht unmittelbar zu entnehmen ist, machen Sie sich am besten im Gesetz bei § 89 ein Zeichen.

Fall 86

Im Winter müssen die Treppenstufen zur Rathaustür gestreut werden. Als der Hausmeister einmal im Urlaub ist, vergisst der Bürgermeister, einen anderen mit dieser Aufgabe zu betrauen. Da sich gerade Glatteis gebildet hat, stürzt A auf der Eingangstreppe und bricht sich den Arm. Welche Ansprüche hat er?

a) Gegen den Bürgermeister.

Erinnern Sie sich bitte an die allgemeine Verkehrssicherungspflicht (Fall 53). Wer auf einem Grundstück den Verkehr von Menschen zulässt, muss auch für den ordnungsgemäßen Zustand der Wege, Treppen usw. sorgen. Da der Bürgermeister die Sorge um die Streupflicht vernachlässigt hat, haftet er für sein Unterlassen genauso, als ob er dem A direkt ein Bein gestellt hätte. § 823 I liegt also an sich vor.

Beim Bürgermeister ergibt sich allerdings eine Besonderheit: Er ist (kommunaler Wahl-)Beamter. Es greift die Sonderregelung des § 839 ein und verdrängt die generelle Norm des § 823. Der Bürgermeister ist daher nicht nach § 823, sondern nach § 839 haftbar. Dies hat für ihn den Vorteil, dass er, wenn er nicht gerade vorsätzlich handelte, gem. § 839 I Satz 2 nur subsidiär haftet, d.h. im vorliegenden Falle nur, wenn der Geschädigte von der Stadt nichts bekommt.

b) Nach welchen Bestimmungen haftet die Stadt?

Die Verkehrssicherungspflicht u.a. auf Eingangstreppen trifft jeden Hausbesitzer, nicht nur öffentliche Körperschaften. Sie hat also zivilrechtlichen Charakter. Da der Bürgermeister Organ der Stadt ist, muss sie sich sein Verschulden gem. §§ 31 - 89 - 823 I anrechnen lassen.

Anders wäre es, wenn es sich nicht um eine Treppe zum Haus, sondern um einen Bürgersteig, einen Gehweg oder eine Bushaltestelle gehandelt hätte. Da dort kein zivilrechtlicher Charakter besteht, ist die Verkehrssicherungspflicht in diesen Bereichen eine hoheitliche Pflicht. Zur hoheitlichen Haftung siehe unten.

Fall 87

Wie der Fall vorher, bloß ist diesmal der Hausmeister zwar nicht im Urlaub, aber sehr nachlässig, was seine Streupflicht angeht. Der Bürgermeister bemerkt das, kümmert sich aber nicht weiter darum. Wieder bricht sich jemand bei Glatteis den Arm. Rechtslage?

Gegen wen kann der Verletzte vorgehen?

a) Ansprüche gegen den Bürgermeister aus § 839 wegen fahrlässiger Verletzung seiner Aufsichtspflicht sind wie im Fall vorher gegeben.

b) gegen den Hausmeister aus § 823 (er ist kein Beamter!) wegen fahrlässiger Verletzung seiner Hausmeisterpflichten.

c) gegen die Stadt sowohl aus §§ 31 – 89 – 823 I als auch gem. § 831,

da ein Organ und ein Nicht-Organ gehandelt (bzw. nicht gehandelt)

haben.

Für das Verhältnis der Ansprüche zueinander gilt gem. § 840 die gesamtschuldnerische Haftung.

Hoheitlicher Bereich

Fall 88

Ein staatlicher Polizeibeamter schießt auf belebter Straße auf einen flüchtigen Verbrecher. Der Schuss geht fehl und verletzt einen Passanten. Vorweg ist zu fragen, ob der Polizist überhaupt schießen durfte, wenn die Gefahr der Verletzung anderer bestand. Diese Frage ist eindeutig zu verneinen, der Polizist handelte pflichtwidrig. Kann der Verletzte gem. § 839 Schadensersatz verlangen?

a) § 839 ist erfüllt. Die Stelle „einem Dritten gegenüber" in § 839 wird in der Praxis sehr weit ausgelegt. Wenn einem Beamten im Dienst etwas schief geht, so verletzt er nach der herrschenden Lehre praktisch immer seine Amtspflicht gegenüber Dritten.

Wie Sie wissen, ist § 839 die Spezialregelung für alle unerlaubten Handlungen von Beamten im Dienst. Die §§ 823 ff werden verdrängt. Weiter. Der Artikel 34 des Grundgesetzes lautet:

- Verletzt jemand in Ausübung eines ihm anvertrauten öffentlichen Amts die ihm einem Dritten gegenüber obliegende Amtspflicht, so trifft die Verantwortlichkeit grundsätzlich den Staat oder die Körperschaft, in deren Dienst er steht (Art. 34 GG).

Was bedeutet das?

Es heißt: Wenn einmal bei hoheitlicher Tätigkeit § 839 erfüllt wäre und jemand Ansprüche gegen einen Beamten hätte, so tritt der Staat (oder eine sonstige Körperschaft) gewissermaßen schützend vor den Beamten und sagt: „Ich zahle den Schaden." Da die Verbrechensverfolgung im Gegensatz zu den Fällen vorher eine hoheitliche und nicht privatrechtliche Tätigkeit der öffentlichen Hand darstellt, hat der Verletzte als einzigen Anspruch § 839 in Verbindung mit Art. 34 GG und zwar gegen den Staat.

b) Ein Anspruch des Geschädigten gegen den Beamten selbst kommt nicht mehr infrage, weil der Staat die Haftpflichtangelegenheit des Beamten zu seiner eigenen gemacht hat.

c) Die §§ 31, 89, die nur bei privatwirtschaftlicher (fiskalischer) Tätigkeit der öffentlichen Hand infrage kommen, scheiden als Haftungsgrundlage neben § 839 BGB, Artikel 34 GG aus!

d) Die §§ 831 und 278 kommen gleichfalls nicht zum Zuge, weil auch insoweit Art. 34 GG/§ 839 BGB Spezialgesetze sind. Auch § 823 als Anspruch gegen einen Nichtbeamten entfällt stets, da bei der Haftung für Hoheitsakte jeder als Beamter gilt, der hoheitliche Befugnisse hatte.

Als Ergebnis in diesem Fall ist festzuhalten, dass dem Verletzten Schadensersatz zusteht. Sein Anspruch besteht gegenüber dem Staat gem. § 839 in Verbindung mit Art. 34 GG. Weitere Anspruchsgrundlagen stehen ihm nicht zur Seite.

Fassen wir das Gelernte in einem Leitsatz zusammen.

Leitsatz 34

Amtshaftung

Bei der Amtshaftung ist zwischen **nicht hoheitlicher** und **hoheitlicher** Tätigkeit zu unterscheiden.

Auf **nicht hoheitlichem** (fiskalischem) Gebiet

- haften die **juristischen Personen** des Öffentlichen Rechts und ihre **Bediensteten** nach den Regeln der **unerlaubten Handlungen** mit der einzigen Besonderheit, dass Beamte persönlich nicht nach § 823, sondern nach § 839 haften. Der § 839 stellt den Beamten bei fahrlässigem Handeln aber faktisch frei, da er **nur** haftet, wenn der Geschädigte von der öffentlichen Hand nichts erhält.

Auf dem Gebiet der **hoheitlichen Amtstätigkeit**

- ist es einfacher. Als einzige **Anspruchsvoraussetzung** kommt für den Geschädigten immer **nur** § 839, Artikel 34 GG infrage und zwar als Anspruch gegen den Staat bzw. eine sonstige juristische Person des Öffentlichen Rechts. Die persönliche Haftung des Beamten ist **hier** ausgeschlossen.

Zum besseren Verständnis auch gleich zwei konkrete Übersichten.

Übersicht 21: Amtshaftung I/Juristische Personen

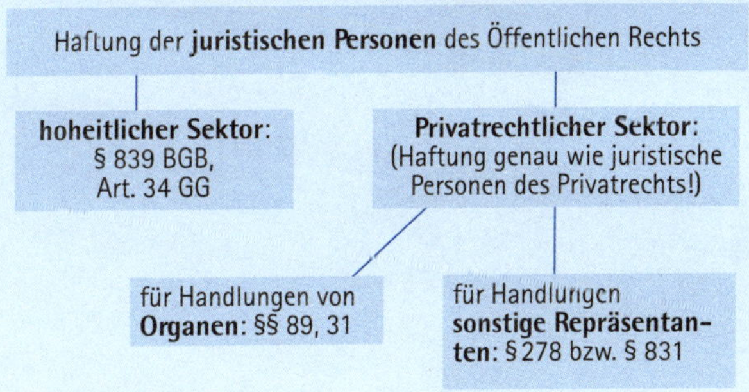

Übersicht 22: Amtshaftung II/Bedienstete

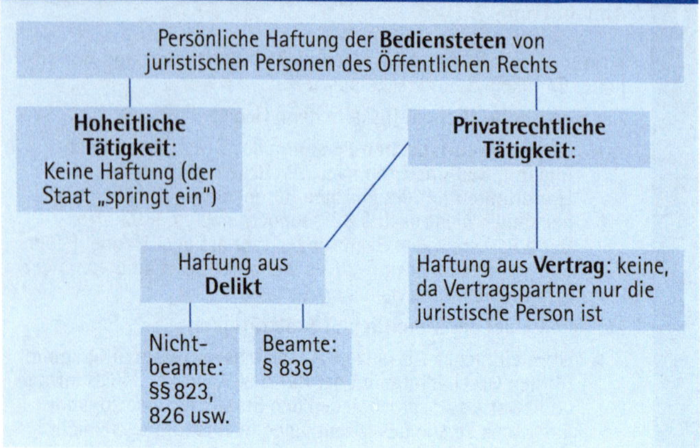

III. Sicherungsrechte

Lektion 12: Eigentumsvorbehalt, Sicherungsübereignung

Eigentumsvorbehalt

Bitte versuchen Sie zunächst, mit eigenen Worten eine **Definition** des Eigentumsvorbehalts zu geben. Lesen Sie dann den **Fall**.

Fall 89

X verkauft Y ein Grundstück. Da der Preis des Objekts nicht voll bezahlt ist, möchte X einen Eigentumsvorbehalt vereinbaren. Ist das möglich?

Jetzt müssen wir uns darüber klar werden, was ein **Eigentumsvorbehalt** juristisch eigentlich darstellt. Die Antwort ist nicht schwer. Es wird ein normaler Kaufvertrag geschlossen (§ 433), also ein unbedingter Vertrag. Bloß die Übereignung erfolgt unter der aufschiebenden Bedingung (§ 158 I), dass das Eigentum erst übergehen soll, wenn die letzte Rate gezahlt ist.

Kann man demnach an **Grundstücken** einen Eigentumsvorbehalt begründen?

Bitte lesen Sie § 925 II! Es geht also **nicht**, da die Übereignung bei Immobilien bedingungsfeindlich ist. Bei Grundstücken besteht auch kein Bedürfnis für eine bedingte Übereignung, da es die Grundschuld und andere dingliche Sicherungsrechte gibt. Lesen Sie jetzt § 929. Bei beweglichen Sachen ist die bedingte Übereignung also nicht verboten. Das verdeutlicht auch noch § 449.

Fall 90

Ein Vorbehaltskäufer X möchte seinen Kühlschrank, bei dem nur noch eine Rate aussteht, weiterverkaufen. Er tritt an Y „alle Rechte bezüglich des Kühlschranks“ ab und verpflichtet sich, die letzte Rate noch selbst zu bezahlen. Wie ist die Rechtslage?

Da Y den Eigentumsvorbehalt kennt, kommt ein Gutglaubenserwerb (§ 932) nicht infrage.

Zur Beantwortung der Frage müssen wir uns noch einmal das Wesen des Eigentumsvorbehalts klar machen. Streng nach BGB hätte der Käufer vor Bezahlung der letzten Rate eigentlich noch keine dinglichen Rechte an der Kaufsache. Dem Verkäufer bleibt juristisch das volle Eigentum.

Praktisch aber hat der Käufer doch eine Anwartschaft, die ihm niemand mehr entreißen kann, denn mit Zahlung der letzten Rate fällt ihm automatisch und notfalls auch gegen den Willen des Verkäufers das Eigentum zu. Bitte lesen Sie § 161.

Die Juristen betrachten daher die erwähnte Anwartschaft als selbstständiges bzw. eigenes quasi-dingliches Recht und nicht nur als ein in Entwicklung auf das Vollrecht hin begriffenes bedingtes Recht. Dies lässt sich zwar aus dem Gesetz nicht unmittelbar entnehmen, jedoch mittelbar insoweit, als der Gesetzgeber bedingten Eigentumserwerb an Mobilien zugelassen hat. Sie merken sich also:

Leitsatz 35

Anwartschaft

Das Anwartschaftsrecht ist ein selbstständiges **quasi-dingliches Recht**, welches **wie** das Vollrecht **Eigentum**, also wie volles Eigentum, übertragen werden kann

Hieraus folgt für unseren Fall: Mit der Übertragung der Anwartschaft verliert X analog § 929 alle dinglichen Rechte an dem Objekt und Y erwirbt die Anwartschaft. Mit der Zahlung der letzten Rate geht das Eigentum vom Verkäufer unmittelbar und automatisch auf Y über.

Fall 91

Wie vorher, bloß kann X infolge irgendwelcher Umstände nicht, wie versprochen, die letzte Rate bezahlen. Was kann Y tun?

Y könnte z.B. selbst die letzte Rate zahlen, §§ 362, 267. Wie kommt dann Y gegenüber X zu seinem Geld? Er kann den Betrag der letzten Rate von X gleich aus zwei Gründen verlangen.

a) Aus dem Vertrag, durch den er die Anwartschaft kaufte, §§ 433, 435, 437 I 3, 280 I, III, 281 (Schadensersatz statt der Leistung).

b) Aus § 812, da die Befreiung von der Kaufpreisschuld für X eine Bereicherung im Sinne des § 812 darstellt. Die schuldrechtlichen Beziehungen zwischen X und dem Verkäufer bleiben ja durch den Anwartschaftsverkauf unberührt. Die Unmittelbarkeit der Bereicherung des X ist auch gegeben, da durch einen Vorgang – Bezahlung der Rate – X von seiner Schuld beim Verkäufer befreit und zugleich Y entreichert wurde.

Sicherungsübereignung

Fall 92

Die Zirkusdirektorin Z möchte von A ein Darlehen haben. Z verweist auf ihren eleganten Schimmel als Sicherheit. Was kann A tun?

a) Er kann sich für das Darlehen ein Pfandrecht (§ 1204) an dem Schimmel sichern.

Was ist außer der Einigung für eine wirksame Pfandrechtsbestellung noch erforderlich? Gem. § 1205 die Übergabe der Pfandsache.

A liest § 1205 und denkt sich: Wohin mit dem Tier?

Auch Z hat Bedenken, denn was ist eine Zirkusdirektorin ohne ihren tierischen „Mitarbeiter"?

Haben wir für die beiden eine andere juristische Lösung? Zum Pfandrecht selbst dann in der nächsten Lektion.

b) Für derartige Konstellationen hat sich in der Praxis seit langem die Sicherungsübereignung eingebürgert. Der Darlehensnehmer überträgt dem Darlehensgeber zur Sicherung der Forderung das treuhänderische Eigentum an einem Gegenstand.

Die Übereignung vollzieht sich gem. § 930 durch Übertragung des mittelbaren Besitzes (Besitzkonstitut, § 868). Danach soll Z den unmittelbaren Besitz an dem weißen Pferd behalten und diesen „für A ausüben".

Schuldrechtlich (obligatorisch) wird ein **atypischer Vertrag** des Inhalts geschlossen, dass das Eigentum nur zu Sicherungszwecken verwendet werden soll, der neue Eigentümer also nur Treuhänder ist und das Eigentum nach der Zahlung der gesicherten Forderung wieder zurückübertragen muss.

Bei **Nichtzahlung** der gesicherten Forderung darf sich der Darlehensgeber in Höhe des ausstehenden Betrages aus der Sache befriedigen, z.B. durch ihren Verkauf.

In der **Praxis** bedeutend, ist der entsprechende Gläubigerschutz im Insolvenz**fall**. Bei einer Insolvenz der Z würde die Sicherheitsübereignung verhindern, dass das schöne Zauberpferd in die verteilbare **Insolvenzmasse** fällt. Es wäre dadurch vor dem Zugriff anderer Gläubiger geschützt. Nur A könnte darauf zugreifen.

c) Man kann die Sicherungsübereignung auch **auflösend bedingt** vornehmen, sodass bei Rückzahlung der betreffenden Summe das Eigentum automatisch wieder zurückfällt. Dies ist in der **Praxis** die häufigste Variante.

In der **Klausur** empfiehlt es sich jedoch, wenn keine Einzelheiten im Sachverhalt angegeben sind, **beide Alternativen** zu prüfen.

Unserer Zirkusdirektorin und ihrem Darlehensgeber aus dem **Fall** empfehlen wir also die **auflösend bedingte Sicherungsübereignung** des Pferdes. So geht es auch dem hübschen Tier am besten.

Die Übereignung von Sachen ist interessant, **spannend** hingegen ist die auch gem. § 398 mögliche **Übertragung von Forderungen** als Sicherheit. Wenn eine Bank sich etwa selber finanzieren will, dann könnte diese z.B. alle Darlehensforderungen an allen Grundstücksdarlehen in die Waagschale werfen. Würden Sie bei so einer Sicherheit nicht auch gerne 30 Millionen verleihen?

Leitsatz 36

Eigentumsvorbehalt und Sicherungsübereignung

1. Durch die aufschiebend bedingte Übereignung beim **Kauf unter Eigentumsvorbehalt** entsteht das **Anwartschaftsrecht**. Dieses ist ein selbstständiges **quasi**-dingliches Recht, das wie das Vollrecht übertragen wird, §§ 929 ff analog.

2. In der Praxis werden oft Sachen gem. § 930 zur **Sicherheit übertragen** meist unter einer auflösenden Bedingung. Kausalvertrag ist dabei ein **atypischer schuldrechtlicher Vertrag**, nach dem sich der Sicherungsnehmer verpflichtet, als Treuhänder das Eigentum nur zur Sicherung des gewährten Kredits zu verwenden.

Anschließend lesen Sie bitte nochmals die §§ 929 – 935.

Lektion 13: Bürgschaft und Pfandrecht

Bürgschaft

Fall 93

X verliert beim Pokern 50 € an Y. Da X den Betrag schuldig geblieben ist, schickt ihm Y nach einiger Zeit einen Mahnbescheid ins Haus. Muss X zahlen?

Die Antwort steht in § 762. Grundsätzlich ist keine Verbindlichkeit entstanden. X muss nicht zahlen. Im Hinblick auf § 762 I 2 spricht man bei der **Spielschuld** von einer unvollkommenen Verbindlichkeit oder Ehrenschuld. Und wie die Ehre heute im Kurs steht, wissen Sie selbst.

X muss also **nicht** zahlen.

Fall 94

Wie vorher verliert X beim Kartenspiel 50 € an Y; bloß hatte sich diesmal der Onkel O des X für die Schuld schriftlich verbürgt. Muss wenigstens O zahlen?

Bitte suchen Sie im Gesetz!

Wo wird die Bürgschaft im Gesetz geregelt sein? Sie finden diese im Abschnitt „einzelne Schuldverhältnisse“ im schuldrechtlichen Buch des BGB.

Wenn Sie **§ 765 I** lesen, so sehen Sie:

▶ Die **Bürgschaft** ist ein schuldrechtlicher Vertrag zwischen Bürge und Gläubiger, wonach der Bürge für die **Schuld** des Dritten einsteht.

Damit konnte im vorliegenden Fall eine Bürgschaft **nicht** entstehen, da es an der Voraussetzung einer gültigen Forderung fehlte. **Ohne Verbindlichkeit keine Bürgschaft.** Man sagt, die Bürgschaft sei anlehnungsbedürftig oder **akzessorisch**.

Fall 95

X schuldet dem Y 500 € aus einem Darlehen. Der Onkel O des X schreibt deswegen dem Y eine Erklärung: „Ich O, hafte in Höhe von 500 € für die Schuld meines Neffen X vom ...; Unterschrift." Y ist damit zufrieden. Ist eine wirksame Bürgschaft entstanden?

Zunächst ist festzustellen, dass das Wort „Bürgschaft" nicht unbedingt in der Erklärung erscheinen muss. Die strenge Förmlichkeit des Wechselrechts ist der Bürgschaft fremd. Nach § 766 genügt „schriftliche Erteilung der Bürgschaftserklärung".

Was bedeutet diese Formulierung? Überlegen Sie. Jedes Wort ist wichtig.

Was „schriftlich" im Sinne des BGB bedeutet, definiert § 126. Dass danach nur die „Erklärung" schriftlich zu sein braucht, bedeutet, dass die Schriftlichkeit nicht für den ganzen Bürgschaftsvertrag, sondern nur für die Willenserklärung des Bürgen vorgeschrieben ist. „Erteilung" bedeutet Übergabe der schriftlichen Erklärung durch den Bürgen.

Wenn also O nach mündlichem Abschluss des Bürgschaftsvertrages die „Erklärung" irrtümlich irgendwo liegen lässt und nicht dem Gläubiger übergibt, der Gläubiger sie dann findet und an sich nimmt, so ist eine gültige Bürgschaft nicht zu Stande gekommen, da es an der „Erteilung" fehlt.

Im vorliegenden Fall hingegen ist die Bürgschaft wirksam. Sie ist schriftlich und wurde Y erteilt.

Fall 96

Ein Bürge hat wegen Zahlungsunfähigkeit des Schuldners die „bebürgte" Forderung beglichen. Kann er sich, wenn der Schuldner wieder zu Geld kommt, an diesen halten?

Bitte suchen Sie im Gesetz!

a) Wenn die Zwangsvollstreckung beim Schuldner vergeblich war (§ 771) und der Bürge gezahlt hat (§ 774), geht die gesicherte Forderung kraft Gesetzes vom Gläubiger auf den Bürgen über, § 774 I 1.

b) Wenn sich der Bürge auf Grund eines **Auftrages** des Schuldners verbürgt, so gibt ihm § 670 eine **weitere** Anspruchsgrundlage. Sie notieren sich am besten diese Norm bei § 774.

Fall 97

Auf Bitten des X hin hat sich der Onkel O wieder einmal für eine Darlehensschuld des X bei Y verbürgt, diesmal – wie es im Text heißt – „übernimmt O selbstschuldnerisch die Bürgschaft". Was bedeutet das?

Bitte suchen Sie im Gesetz!

§§ 771, 773 I Ziff. 1 geben Auskunft. Während bei der **normalen** Bürgschaft der Bürge nur leisten muss, wenn beim Hauptschuldner nachweislich nichts zu holen ist, hat der **selbstschuldnerische** Bürge auf diesen Vorbehalt, die **Einrede der Vorausklage**, verzichtet.

Leitsatz 37

Einrede

Unter „**Einrede**" versteht man ein Leistungsverweigerungsrecht. Dabei geht der Anspruch des Gläubigers zwar **nicht** unter, aber der Schuldner kann die Leistung für gewisse Zeit oder unter gewissen Bedingungen **verweigern**.

Bei der **Formulierung** der selbstschuldnerischen Bürgschaft kommt es nicht auf exakte Wortwahl an, in Bürgschaften liest man daher verschiedene Varianten z.B.: „selbstschuldnerisch die Bürgschaft", „als Selbstschuldner die Bürgschaft" oder „eine selbstschuldnerische Bürgschaft".

Und solche Formulierungen haben durchschlagende Wirkung:

- Der **selbstschuldnerische Bürge** verzichtet auf den Schutz der Vorausklage und muss also bei Inanspruchnahme sofort zahlen

Im vorliegenden **Fall** kann sich der Gläubiger also je nach Lust und Laune **entweder** an den Hauptschuldner **oder** sofort an den Bürgen halten und muss nicht erst gegen den Hauptschuldner klagen. Welches Glück für ihn, dass das Wort „selbstschuldnerisch" in der Urkunde steht.

Streng zu unterscheiden von der Bürgschaft ist der Vertrag zu Gunsten Dritter in Form der Erfüllungsübernahme (§§ 328, 329). Hiernach verpflichtet sich jemand durch Vertrag mit dem Schuldner (also nicht mit dem Gläubiger selbst!), den Gläubiger zu befriedigen.

Bitte lesen Sie jetzt noch einmal §§ 765–771, 776, 414, 415.

Bei § 769, der sich mit dem Mitbürgen befasst, notieren Sie bitte §§ 421, 426, da Mitbürgen als Gesamtschuldner haften mit allen sich daraus ergebenden – Ihnen schon bekannten – Konsequenzen, z.B. wenn nur einer der Mitbürgen den Gläubiger befriedigt.

Übersicht 23: Bürgschaft

- Die Bürgschaft ist ein **akzessorisches Sicherungsrecht**, d.h. der Umfang der Bürgschaftsschuld richtet sich grundsätzlich nach dem Umfang der Hauptforderung.
- Wenn der Bürge zahlt, so geht die **Hauptforderung** auf ihn **über**, außerdem hat er noch u.U. Ansprüche aus dem Auftrag gegen den Hauptschuldner.
- Der **selbstschuldnerische** Bürge hat im Gegensatz zum Normalfall der Bürgschaft auf die Einrede der Vorausklage verzichtet.
- **Mitbürgen** haften als Gesamtschuldner.

Pfandrecht

Bevor wir uns dem ersten Fall zuwenden, versuchen Sie bitte – ohne ins Gesetz zu sehen –, das Wesen des Pfandrechts mit eigenen Worten zu beschreiben. Erst wenn Sie überlegt haben, lesen Sie § 1204 I.

Sie sehen: Das Pfandrecht berechtigt den Gläubiger, einen bestimmten fremden Gegenstand zu veräußern und sich aus dem Erlös zu befriedigen, wenn die gesicherte Forderung nicht bezahlt wird. Der Pfandgläubiger erwirbt also weder das Eigentum noch das Recht, den Pfandeigentümer persönlich in Anspruch zu nehmen oder das Pfand zu behalten. Klassisches Beispiel ist die öffentliche Pfandleihanstalt.

Fall 98

A schuldet B 10.000 € aus einem Darlehen. A verpfändet B zur Sicherheit eine wertvolle Rulax-Uhr. Als A bei Fälligkeit nicht zahlt, droht B dem A den Verkauf des Pfandes an und lässt schließlich nach 1 ½ Monaten die Rulax durch einen Gerichtsvollzieher versteigern. Der Erlös beträgt 15.000 €. Rechtslage?

Bitte schlagen Sie § 1204 BGB auf und versuchen Sie, den einzelnen Ereignissen Schritt für Schritt nachzugehen.

a) Wie die Bürgschaft kann auch das Pfandrecht gem. **§ 1204** immer nur „für eine Forderung" bestellt werden, d.h. ohne Forderung kein Pfandrecht. Es handelt sich demnach bei dem Pfandrecht um ein **akzessorisches dingliches Recht**. Da hier eine Darlehensforderung bestand, konnte das Pfandrecht entstehen.

b) Zur Bestellung sind gem. **§ 1205 I** Einigung und Übergabe der Sache nötig. Das deutsche Pfandrecht ist also grundsätzlich **Faustpfandrecht**. Der Pfandrechtsbestellungsvertrag zwischen A und B ist als dinglicher Vertrag abstrakt.

c) Jetzt liegt grundsätzlich der **Fortgang** beim Schuldner:

- Wenn der Schuldner bei Fälligkeit **zahlt**, so geht das Pfandrecht gem. § 1252 **unter**.

- Wenn er – wie hier – **nicht zahlt**, so gilt **§ 1234:** Vor dem Pfandverkauf muss eine **Androhung** gegenüber dem Verpfänder erfolgen. Da bei einer Zwangsversteigerung nur selten der volle Wert einer Sache erlöst wird, soll der Eigentümer eine **Gelegenheit** erhalten, den Gläubiger gem. § 1249 selbst zu befriedigen und so die Sache auszulösen.

d) Gemäß **§ 1228** kann sich der Gläubiger nach Fälligkeit aus dem Pfand befriedigen, jedoch nicht vor einem Monat nach Androhung der Verwertung (§ 1234 II). Der **§ 1235** sagt dann, wie die Verwertung zu erfolgen hat. Es gibt **zwei** Möglichkeiten:

- Bei Sachen mit **Börsen- oder Marktpreis** (§ 1235 II) erfolgt ein freihändiger Verkauf (§ 1221).

- Alle **anderen Sachen** werden gem. § 1235 I durch **öffentliche Versteigerung** versilbert.

Soweit der Erlös dem Gläubiger gebührt (hier 10.000 €), erwirbt er gem. **§ 1247 I** sofort Eigentum an dem erlösten Geld. Er ist also insoweit befriedigt.

e) Was passiert mit dem **mehr** erlösten **Geld**. In **§ 1247 II** heißt es: „Im Übrigen tritt der Erlös an die Stelle des Pfandes". Das bedeutet, an den anderen 5.000 € erwirbt A das Eigentum, da er Eigentümer der Pfandsache war.

OK, die teure Uhr ist weg, aber wenigsten stehen A die 5.000 € zu. Ein Glück, dass er so eine werthaltige Uhr gekauft hatte.

Sie sehen, wie viele Paragrafen in einem kleinen Fall stecken können. Sie verstehen jetzt auch, warum Ihnen empfohlen wurde, alle hier erwähnten Bestimmungen im Gesetz **anzustreichen**. Sie finden sich dann später viel schneller zurecht.

Sie können sich auch die folgenden Paragrafenketten als **Fahrplan** für zwei der häufigsten Pfandrechtsfälle bei § 1204 im Gesetz notieren:

Pfandeigentümer und persönlicher Schuldner sind identisch: §§ 1204 I - 1205 I - 1234 - 1228 - 1235 - 1247 - 1252 - 1223 I (bezüglich des überschüssigen Erlöses) und §§ 1204 I - 1205 I - 1234 - 362 - 1252 - 1223 I.

Pfandeigentümer und persönlicher Schuldner sind **nicht** identisch: §§ 1204 I - 1205 I - 1234 - 1228 - 1235 - 1247 - 1225 analog - 1250 - 1256 - 1223 I (bezüglich des überschüssigen Erlöses) und §§ 1204 I - 1205 I - 1234 - 1249 - 1225 - 1250 - 1256 - 1223 I.

Fall 99

X leiht Y ein Buch, dieser verpfändet es dem gutgläubigen Z für ein Darlehen. Rechtslage?

Ebenso wie man das Eigentum vom Nichtberechtigten erwerben kann, ist auch der Erwerb des Pfandrechts vom Nichteigentümer möglich. § 1207 verweist auf §§ 932, 935 analog. Z erwirbt hier also das Pfandrecht, weil er gutgläubig und das Buch nicht abhanden gekommen war.

Diese Regelung ist an sich einleuchtend. Wenn man schon das Eigentum gutgläubig erwerben kann, dann erst recht das juristische Minus, das Pfandrecht.

Fall 100

Frau X verpfändet dem Y ihren Diamantring für eine Darlehensschuld. Anlässlich eines Besuches bei Y nimmt die X den Ring heimlich wieder mit und verpfändet ihn ein zweites Mal, diesmal dem gutgläubigen Z. Rechtslage?

Durch die Wegnahme geht das Pfandrecht nicht unter, höchstens durch freiwillige Rückgabe, § 1253. Da an einer Sache mehrere Pfandrechte bestehen können, hat auch Z ein Pfandrecht gem. § 1205 erworben.

Welches der zwei Pfandrechte hat den Vorrang?

An sich kann man auch den Vorrang beim Pfandrecht gutgläubig erwerben. Hier lag aber eine Entwendung der Sache vor. Da aber § 1208 II nicht nur auf § 932, sondern auch auf § 935 verweist und hier die Sache entwendet wurde, erwirbt der gutgläubige Z den Vorrang nicht. Es bleibt bei dem Grundsatz des § 1209, das zeitlich früher bestellte Pfandrecht geht vor.

Wenn es in diesem Fall also zur Versteigerung kommt, dann kann sich Y zuerst aus dem Erlös befriedigen. Z muss sich mit dem begnügen, was übrig bleibt. Da stellt sich die Frage, wie hoch war das Darlehen und wie viel Karat hatte der Diamant.

Ok, der Fall ist ein bisschen tricky. Aber so sind juristische Fälle manchmal. Es gibt Dozenten, die haben großen Spaß an solchen Wendungen, weshalb man sich auch auf solche Lösungen einstellen muss.

Bisher haben wir nur über die Verpfändung von Sachen gesprochen. Das ist aber noch nicht alles. Im Geschäftsleben viel spannender ist die Verpfändung von Rechten, z.B. von Forderungen. Da Rechte nicht in die Hand genommen werden müssen (keine Faustpfändung), ist die Handhabung viel leichter. Die Bestellung des Pfandrechts an einem Recht erfolgt nach den für die Übertragung des Rechts geltenden Vorschriften (§ 1274 I). Das Pfandrecht ist hier sehr flexibel. Es kann auch für **künftige** oder **bedingte** Forderungen bestellt werden.

Die **Verpfändung von Forderungen** (§§ 1280 ff) erfolgt durch eine vertragliche **Forderungsabtretung** und der **Anzeige** der Verpfändung an die Schuldner gem. § 1280. Wobei die lästigen Anzeigen - so hört man - gelegentlich vergessen und nur im Problemfall nachgeholt werden.

Leitsatz 38

Pfandrecht

Das Pfandrecht ist ein **akzessorisches** dingliches Recht, kraft dessen sich der Gläubiger bei **Nichtzahlung** der Hauptforderung durch **Verwertung** des Pfandes („aus dem Pfande") befriedigen kann. Es können **Sachen**, aber auch **Rechte** (z.B. Forderungen) verpfändet werden.

Bis hierher haben wir über frei vereinbarte Pfandrechte gesprochen. Daneben bestehen aber auch **gesetzliche Pfandrechte** (§ 1257). Ohne dass es irgendwie vertraglich vereinbart wurde, entsteht in verschiedenen vom Gesetzgeber festgelegten Fällen ein Pfandrecht. So steht z.B. dem **Vermieter** für die Miete ein Pfandrecht an den eingebrachten Sachen zu (§ 562). Das Pfandrecht des **Werkunternehmers** gem. § 647 gestattet diesem ein Werk, das in seinen Besitz gelangt ist, als Pfand für den Werklohn zu nehmen. Aus diesem Grund können KFZ-Werkstätten grundsätzlich den Wagen als Pfand für den Werklohn einbehalten.

Lektion 14: Hypothek und Grundschuld

Hypothek

Versuchen Sie bitte vorweg wieder, erst mit eigenen Worten das Wesen einer Hypothek auszudrücken. Nach aufmerksamer Lektüre des Pfandrechts in der vorherigen Lektion kann Ihnen das nicht mehr schwer fallen.

Die Hypothek ist nichts anderes als ein Pfandrecht an einem Grundstück. Der Hypothekengläubiger kann sich bei Nichtzahlung der persönlichen Forderung durch Verwertung des Grundstücks befriedigen.

Fall 101

Ein Gläubiger G will sich von einem Darlehensschuldner S wegen einer Forderung von 1.000 € eine Hypothek bestellen lassen. Wie geht das vor sich?

Bitte sehen Sie im Gesetz nach!

Nach § 1113 kann die Hypothek grundsätzlich nur „für eine Forderung" bestellt werden, sie ist also akzessorisch wie Bürgschaft und Pfandrecht. Bitte lesen Sie auch noch einmal § 1211 I 1 und dann § 1137. Sie sehen, auch aus der Behandlung der Einreden (Leistungsverweigerungsrechte) des dinglich Haftenden ergibt sich die Akzessorietät.

Nach § 873 I erfolgt die Bestellung durch Einigung und Eintragung. G kann die Hypothek in zwei verschiedenen Formen bestellen lassen:

- als Buchhypothek, welche durch Einigung und Eintragung (§ 873 I) übertragen werden kann

- als Briefhypothek, d.h. als Hypothek, über deren Bestehen ein Hypothekenbrief ausgestellt ist

Wenn die Briefhypothek einmal wirksam bestellt ist, genügt zur Übertragung die Übergabe des Briefes und eine schriftliche Abtretungserklärung, § 1154 (§ 1153 I). Die Briefhypothek trägt damit dem praktischen Bedürfnis Rechnung, die hypothekarisch gesicherte Forderung schnell zu übertragen und zu Geld zu machen. Der Gesetzgeber betrachtet die Briefhypothek als Regelfall, wie sich aus § 1116 ergibt.

Wenn Sie jetzt noch § 1117 lesen, dann wissen Sie bereits alle vier Voraussetzungen, die bei Entstehung einer Hypothek gegeben sein müssen:

- Vorliegen einer gültigen Forderung (Akzessorietät, § 1113)
- Wirksame Einigung (§ 873 I) und
- Eintragung (§ 873 I) im Grundbuch
- Übergabe des Briefes (§ 1117). Bei der Buchhypothek steht an der Stelle

der Briefübergabe die weitere Einigung und Eintragung, dass der Brief ausgeschlossen sein soll (§ 1116 II).

Für die Klausuren ist es wichtig, dass Sie stets zwischen persönlicher Forderung und Hypothekenrecht trennen. Halten Sie sich stets das Bild der Bänder aus dem aus der Lektion 1 vor Augen.

- Der (persönliche) Darlehensanspruch ist das Band des Gläubigers zum persönlichen Schuldner, der (dingliche) Hypothekenanspruch ist das rechtliche Band des Gläubigers zum Grundstück.

Das dingliche Recht als solches gibt (ab Fälligkeit der persönlichen Forderung) einen Anspruch auf Duldung der Zwangsvollstreckung in das Grundstück (§ 1147), nicht auf Zahlung von Geld. Die Einzelheiten der Vollstreckung regeln die Zivilprozessordnung und das Verfahrensrecht.

Fall 102

Der Schuldner S bittet den befreundeten Grundstückseigentümer E, zugunsten eines Gläubigers G eine Hypothek auf dem Grundstück zu bestellen. Nachdem E dem G eine Buchhypothek bestellt hat, verzögert sich aber die Auszahlung des Darlehens von G an S. Ist G trotzdem Hypothekengläubiger geworden?

Da die Hypothek, wie gesagt, akzessorisch ist, konnte G **unmöglich** eine Hypothek erwerben. Demnach wäre ein dingliches Recht nicht entstanden. **Überlegen** Sie aber bitte, ob das für die Beteiligten angenehm wäre!

Wenn das Darlehen doch noch ausgezahlt wird, müssten die Beteiligten erneut zum Grundbuchamt gehen und auch einen neuen Hypothekenvertrag schließen.

Aus diesen praktischen Gründen machte der Gesetzgeber in unserem **Fall** eine **Ausnahme**: Es entsteht bis zur Gewährung des Darlehens eine **Eigentümerhypothek** (§ 1163 I 1, bitte, wie immer, lesen!), d.h. die Hypothek steht E selbst zu; E ist **sein eigener** Hypothekengläubiger. Da die Hypothek grundsätzlich ohne Forderung nicht bestehen kann, verwandelt sie sich noch in der gleichen Sekunde weiter in eine **Eigentümergrundschuld** (§ 1177 I 1). Mehr zur Grundschuld lesen Sie unten.

Wenn in unserem **Fall** das Darlehen doch noch ausgezahlt wird, so **lebt** die Hypothek wieder auf. Die Eigentümergrundschuld verwandelt sich in eine (Fremd-)Hypothek.

In unserem **Fall** ist der Gläubiger G also nicht sofort Hypothekengläubiger geworden, sondern er wird es erst, wenn er das Darlehen auch auszahlt.

Fall 103

A tritt dem B eine hypothekarisch gesicherte Forderung gegen C ab. Bitte suchen Sie im Gesetz, wie die Abtretung im Einzelnen vor sich geht!

a) Die Abtretung der **persönlichen Forderung** wird entweder gem. §§ 1154 I, 398 durch schriftliche **Abtretungserklärung** und **Briefübergabe** (bei der Briefhypothek) **oder** durch **Umschreibung** im Grundbuch gem. §§ 1154 III, 398, 873 I (bei der Buchhypothek) vollzogen.

b) Das **dingliche Recht** geht gem. § 1153 I mit der Forderung über. Rechtlich ist die Hypothek also nur ein Nebenrecht der persönlichen Forderung. Die Übertragung der Hypothek ist als qualifizierte Forderungsabtretung konstruiert.

Zum Abschluss des Hypothekenrechts nun ein **Leitsatz**.

Leitsatz 39

Hypothekenrecht

- Die Hypothek ist ein akzessorisches **Pfandrecht** an einem **Grundstück**, welches jedoch bei Erlöschen der gesicherten Forderung nicht untergeht, sondern in ein Eigentümergrundpfandrecht verwandelt wird.
- Die **Übertragung** der Hypothek geschieht durch **Abtretung** der gesicherten Forderung (§ 1153 I).
- Bei der **Briefhypothek** wird die Forderungsabtretung durch Briefübergabe und Erteilung einer schriftlichen Abtretungserklärung (§ 1154 I) vollzogen, bei der **Buchhypothek** durch Einigung und Eintragung (§§ 1154 III, 873 I).

Bitte lesen Sie jetzt noch §§ 1190, 1155, 414–416, 1143, 1164.

Grundschuld

Fall 104

F hat ihr Wohnhaus bei der X-Bank finanziert, und zur Sicherheit eine Grundschuld bestellen lassen. Nach fünf Jahren gewinnt F im Lotto und zahlt das Darlehen auf einen Schlag zurück. Rechtslage der Grundschuld?

Was können Sie sagen, wenn Sie §§ 1191 ff lesen? Eine Grundschuld ist ein der Hypothek sehr ähnliches Recht. Schon § 1192 I verweist auf die Regelungen der Hypothek. Allerdings gibt es einen wichtigen Unterschied. Die Grundschuld setzt keine Forderung voraus, sie ist also nicht akzessorisch. Devise:

- Eine Grundschuld hat keinen Schuldgrund

Dieses Fehlen der Abhängigkeit von einer zu sichernden Forderung (z.B. Darlehen) macht sie flexibler als die Hypothek. In der Rechtspraxis hat sich die Grundschuld als Sicherungsmittel bei Grundstücksfinanzierungen durchgesetzt. Kurz:

▶ Die Grundschuld ist die flexible erfolgreiche Schwester der Hypothek

Mit einer Grundschuld wird die Zahlung eines Geldbetrags durch ein Recht an einem Grundstück abgesichert, in das bei Zahlungsausfall vollstreckt werden kann.

Und was geschieht, wenn alles gut geht, wenn das Darlehen etc. zurückgezahlt wurde? Bitte lesen Sie §§ 1191 I, 1192 I, 1163 I S. 2. Wer zur Sicherung einer Forderung auf seinem Grundstück eine Grundschuld bestellt, wird mit dem Erlöschen oder bei Nichtbestehen der Forderung nicht etwa selbst Inhaber des Grundpfandrechts (wie im Falle der Hypothek). Er kann aber gem. § 812 oder nach dem der Grundschuldbestellung zu Grunde liegenden Kausalvertrag, § 311, die Übertragung (Rückgabe) der Grundschuld oder deren Löschung verlangen.

Im Gegensatz zur Hypothek kann eine Grundschuld also auch nach der Erfüllung der abgesicherten Schuld weiterbestehen.

Was ergibt dies für einen Sinn? Wenn der Grundstückseigentümer einmal wieder Geld braucht, kann er z.B. sehr schnell bei der Bank über die bestehende Grundschuld ein neues Darlehen absichern (Neuvalutierung). Wenn aber eine andere Bank bessere Konditionen hat? Dann kann kurzfristig vertraglich die Abtretung der Grundschuld an die neue Bank vereinbart werden.

Der Fall hat sich also gelöst. Die Grundschuld verbleibt bei der X-Bank und F hat die Wahl zwischen Stehenlassen für zukünftige Ereignisse oder Beantragung der Löschung.

Ein Sonderfall ist die schon oben angesprochene Eigentümergrundschuld gem. § 1196 BGB. Sie kann entweder selber bestellt werden, etwa um ein Darlehen vorzubereiten, oder sie entsteht durch Umwandlung einer Eigentümerhypothek § 1177.

Zur Grundschuld nun ein zusammenfassender Leitsatz.

Leitsatz 40

Grundschuld

Die Grundschuld (§§ 1191 ff)

- ist das wichtigste **Sicherungsmittel** im Grundstücksrecht. Praktisch jedes Immobilien-Darlehen wird über eine im Grundbuch eingetragene Grundschuld abgesichert.
- ist im Wesentlichen eine **nichtakzessorische Hypothek**. Demgemäß gelten für die Grundschuld zwar die **Hypothekenparagrafen** §§ 1114 – 1183, jedoch nur soweit sie die Hypothek als solche, aber nicht auch die zugrunde liegende persönliche Forderung betreffen (§ 1192).
- beinhaltet das **dingliche Recht**, aus einem Grundstück oder einem grundstücksgleichen Recht (z.B. Wohnungseigentum, Erbbaurecht) die Zahlung einer Geldsumme zu fordern.

Bitte lesen Sie jetzt nochmals die **§§ 1191 ff, 1114 ff.**

Neben der Hypothek und der Grundschuld existiert noch ein weiteres Grundpfandrecht, die **Rentenschuld** gem. §§ 1199 ff. Mit dieser besonderen Form der Grundschuld wird eine **regelmäßig** wiederkehrende **Zahlung** abgesichert.

Zum Ende der Abschnitts hier eine umfassende **Querübersicht** zum Vergleich der kennengelernten Sicherungsrechte:
- Sicherungsübereignung
- Bürgschaft
- Pfandrecht
- Hypothek
- Grundschuld

Nach alledem, welche Sicherungsrechte empfehlen Sie
a) zur Sicherung einer großen Materiallieferung an einen Bauunternehmer mit Bagger?
b) gegenüber den Eltern bei der Vermietung einer Studentenwohnung?
c) zur Sicherung eines Baudarlehens der Bank?
Die Lösungen liegen nach allem auf der Hand. Und, haben Sie es schon selber gelöst? (Zur Überprüfung: a: SÜ, b: ssBü, c: GS)

Übersicht 24: Wichtige Sicherungsrechte

(immer Regelfall)	**Sicherungs-übereignung**	**Bürgschaft**	**Pfandrecht** (an beweglichen Sachen)	**Hypothek**	**Grundschuld**
Befriedigung durch:	Verwertung der Sache	persönliche Inanspruchnahme des Bürgen	Verwertung der Sache	Verwertung der Immobilie	Verwertung der Immobilie
Voraussetzung der Befriedigung:	je nach Vereinbarung	Erfolglose Zwangsvollstreckung beim Hauptschuldner (Ausnahme: selbstschuldnerische Bürgschaft)	Fälligkeit der persönlichen Forderung und Androhung der Versteigerung	Fälligkeit der persönlichen Forderung (Einzelheiten in der ZPO)	Fälligkeit der persönlichen Forderung (Einzelheiten in der ZPO)
Eigentumswechsel bei Begründung des Rechts?	ja	–	nein	nein	nein
Übergabe der Sache?	nein	–	ja	nein	nein
Verhältnis des Sicherungsrechts zur gesicherten Forderung:	Automatischer Rückfall des Eigentums bei Zahlung (wenn vereinbart)	akzessorisch	akzessorisch	akzessorisch	nicht akzessorisch

IV. Familien- und Erbrecht

Lektion 15: Grundbegriffe des Familienrechts

Schlüsselgewalt

Fall 105

Eine verheiratete Hausfrau kauft in einem Laden für 5 € Suppengemüse ein. Da sie ihr Geld zu Hause gelassen hat, bleibt sie den Kaufpreis schuldig. Könnte der Kaufmann das Geld auch vom Ehemann verlangen?

Lesen Sie bitte § 1357!

Sie sehen: Es ist möglich. Diese historische Schlüsselgewalt ist auch heute noch aktuell, wenn etwa in einer Familie nur ein Ehegatte berufstätig ist und der andere den Haushalt führt, §§ 1356, 1360.

Fall 106

Eine verheiratete Frau und ihr Kind müssen sich in zahnärztliche Behandlung begeben. Die Mutter bleibt beide Beträge schuldig. Kann der Zahnarzt vom Ehemann Zahlungen verlangen?

Bitte lesen Sie wieder § 1357 I.

Der Ehemann muss beide Rechnungen bezahlen. Die „Geschäfte zur Deckung des Lebensbedarfs der Familie" werden sehr weitherzig ausgelegt. Sie umfassen keineswegs nur Haushaltsangelegenheiten.

Der Mann aus unserem Fall muss also für beide Zahnbehandlungen zahlen, da die Schlüsselgewalt insoweit einer gesetzlichen Mitverpflichtung entspricht.

Fall 107

Ein verheirateter Mann nimmt bei einer Bank ein Darlehen von 30.000 € auf und kauft damit eine Wohnungseinrichtung. Rechtslage?

Wir müssen zwischen zwei Geschäften trennen.

Zunächst das **Darlehen**. Eine Darlehensaufnahme, auch wenn sie häuslichen Zwecken dient, fällt nach überwiegender Meinung nicht unter § 1357, weil diese Bestimmung nur den Zweck hat, die **laufenden Familiengeschäfte** zu erleichtern. Bitte gut **merken**, weil das dem Wortlaut nicht direkt zu entnehmen ist!

Das Gleiche gilt für den **Kauf** der Einrichtung. Ein solches Geschäft sprengt ebenfalls den Rahmen des Üblichen. Der Kauf eines einzelnen Möbelstücks würde gerade noch unter § 1357 fallen. Aus diesen Beispielen sehen Sie, dass Geschäfte „zur angemessenen Deckung des Lebensbedarfs der Familie" solche sind,

- die den **häuslichen Aufwand** der Eheleute betreffen und nach den Anschauungen des Lebenskreises, dem sie angehören, von einem Ehegatten allein erledigt werden.

Größere und nicht alltägliche Geschäfte werden nicht, so wie die laufenden Haushaltsgeschäfte, von einem Partner allein erledigt. Was ein größeres Geschäft ist, richtet sich nach der sozialen Stellung der Ehegatten.

Ergebnis: Da der Mann hier beim Kauf der Einrichtung und bei der Darlehensaufnahme beide Male die **Grenzen** des § 1357 **überschritten** hat, schuldete er allein den Kaufpreis bzw. die Rückzahlung des Darlehens.

Fall 108

Die Ehefrau kauft zu Weihnachten Geschenke und erwähnt beim Einkauf, dass sie diese Geschenke mit ihrem Geld kaufe. Wie ist jetzt die Rechtslage?

Jetzt ist sie selbst Vertragspartnerin, da ihr Wille, für sich selbst zu handeln, nach **außen** in **Erscheinung** getreten ist.

Wo dieser Wille deutlich erkennbar ist, entfällt § 1357, und nicht der Mann, sondern die **Frau allein** wird verpflichtet.

Gesetzlicher und vertraglicher Güterstand

Fall 109

In einer Ehe, in der kein güterrechtlicher Vertrag abgeschlossen wurde, macht die Frau einen Lottogewinn von 1.000.000 €. Wer ist Eigentümer des Geldes?

Wie Sie den §§ 1363 ff entnehmen können, ist der **gesetzliche Güterstand** (d.h. der Güterstand, der eintritt, wenn nichts vereinbart ist) derjenige der **Zugewinngemeinschaft**. Zugewinn ist alles, was ein Ehegatte während der Ehe erwirbt oder - mit Worten von § 1373 - der Betrag, um den das Endvermögen eines Ehegatten sein Anfangsvermögen übersteigt (Zugewinnvermögen).

Bitte lesen Sie jetzt § 1363 II. Sie sehen: Der **Zugewinn**, der während der Ehe erzielt wurde, wird nicht gemeinschaftliches Vermögen, sondern **gehört** dem Gatten, der ihn im Einzelfall erzielt hat. Man könnte daher den **gesetzlichen Güterstand** eher wie folgt umschreiben:

- **Gütertrennung** mit späterem **Gewinnausgleich**

Obwohl im Familienrecht mangels einer dem § 311 vergleichbaren Bestimmung **keine** generelle Vertragsfreiheit herrscht, können die Ehegatten kraft ausdrücklicher Regelung des § 1408 einen **Ehevertrag** über ihre **vermögensrechtlichen** Beziehungen zueinander schließen. Als **vertragliche Güterstände** kommen nur infrage:

- die **Gütergemeinschaft** (§§ 1415 ff) in ihren verschiedenen Spielarten
- die **Gütertrennung** (§ 1414)

Die in der Praxis bei Ehevertragsschließenden durchaus beliebte **Gütertrennung** ähnelt sehr dem gesetzlichen Güterstand. Der wichtigste **Unterschied** zwischen Zugewinngemeinschaft und Gütertrennung liegt darin, dass bei der **Gütertrennung** unterschiedlich hohe Zugewinne beider Gatten bei **Tod**, **Scheidung** oder sonstiger Beendigung des Güterstands grundsätzlich **nicht** ausgeglichen werden.

Und was bedeutet dies für unseren Lottofall? Die glückliche Gewinnerin wird also alleinige Eigentümerin des Gewinns. Allerdings fällt der Gewinn unter den Zugewinn, sodass die 1.000.000 € etwa im Falle einer Scheidung entsprechend zu teilen wären. Richtig für sich einsacken kann die Frau hier also doch nur eine halbe Million. Aber wir gehen hier natürlich davon aus, dass die Ehe glücklich ist und beide bis zum Lebensende die Million langsam freudebringend verpulvern.

Hinweis: Die Rechtsprechung hat quasi noch weitere Güterstände erarbeitet. Die modifizierte Zugewinngemeinschaft verbindet z.B. die positiven Teile der Zugewinngemeinschaft (z.B. Steuervorteile im Todesfall) mit den positiven Teilen der Gütertrennung (Abstellung auf besondere Ereignisse z.B. Nachwuchs). Hier kann sich jedes Paar eine passende Lösung individuell zusammenstellen. Letztlich gibt es dadurch unendlich viele Modelle für den Güterstand.

Fall 110

Ein Ehemann will an einen Freund (der dessen Verhältnisse gut kennt) ein Grundstück mit Mehrfamilienhaus veräußern, welches die Hauptmasse (95 %) seines Vermögens darstellt. Die erforderlichen Verträge werden formrichtig abgeschlossen. Sind Übereignung und Kaufvertrag gültig?

Nach § 1364 kann grundsätzlich jeder Gatte mit seinem Vermögen machen, was er will, denn es herrscht mangels einer abweichenden Vereinbarung (keine Angaben im Sachverhalt des Falles!) nach § 1363 I das gesetzliche Güterrecht.

Ausnahmen sind aber in § 1365 niedergelegt. Das Vermögen als Ganzes (§ 311b III) ist zwar nicht verkauft worden, sondern nur die Hauptmasse. Doch das genügt, um den Vertrag genehmigungspflichtig zu machen, es sei denn, der Erwerber ist gutgläubig. Positive Kenntnis der Vermögensverhältnisse gilt als ungeschriebenes Tatbestandsmerkmal!

Aber wo liegt die Grenze? Über wie viel darf ein Ehepartner gerade noch verfügen, sodass der Paragraf § 1365 nicht zuschlägt? Nach der Rechtsprechung ist es ausreichend wenn ihm eine Quote von nur 1/7 bis 1/10 seines Vermögens verbleibt.

Wie ist es hier? Bei 95 % verbleiben dem Ehemann nur 5 % und damit zu wenig. Daher sind Verpflichtungs- und Verfügungsgeschäft gem. § 1366 I schwebend unwirksam. Wenn die Frau die Genehmigung verweigert (§§ 182 ff), sind beide Verträge gem. §§ 1365 I, 1366 IV nichtig.

Fall 111

Eine Ehefrau verkauft und übereignet ihren Perserteppich an den gutgläubigen Käufer K, der sie für verfügungsberechtigt hält. Ist K der Eigentümer?

Mangels näherer Angaben ist wieder der gesetzliche Güterstand zu unterstellen. Ein Teppich wird im allgemeinen Hausratsgegenstand im Sinne von § 1369 sein. § 1369 wird zum Schutze der Ehe sehr weit interpretiert. Über § 1369 III kommt man wieder zu der Genehmigungspflicht des § 1366. § 1369 ist wie § 1365 ein ausnahmsloses Verfügungsverbot. § 932 entfällt, da in dieser Bestimmung nur der gute Glaube an das Eigentum (das die Ehefrau ja hat), nicht an die Ehelosigkeit, geschützt ist. Anders als bei § 1365 gewährt die Rechtsprechung bei § 1369 also keinen Gutglaubensschutz!

K ist daher in diesem Fall nicht Eigentümer geworden. Bis zur Erteilung oder Verweigerung der Genehmigung durch den Mann (§ 1366 I) sind der dingliche und der schuldrechtliche Vertrag schwebend unwirksam.

Fall 112

Zwei Ehegatten haben Gütergemeinschaft vereinbart (§ 1415). Was stellen Sie sich unter Gütergemeinschaft im Einzelnen vor?

Ganz einfach: Wenn zwei Eheleute den Güterstand der Gütergemeinschaft vereinbaren, so werfen sie damit praktisch beide ihr ganzes Vermögen in einen Topf. Bitte lesen Sie § 1416 I und II, welcher Auskunft über das Gesamtgut (Gesamthandsvermögen, wie Sie wissen) gibt. Gewisse Gegenstände fallen allerdings nicht ins Gesamtgut. Bitte suchen Sie im Gesetz!

Neben dem Anteil am Gesamtgut kann jeder der Gatten u.U. noch ein Sondergut gem. § 1417 haben. Dies sind die nicht durch Rechtsgeschäft übertragbaren Gegenstände, z.B. Gesellschaftsanteile nach HGB und BGB (§§ 717 ff). Schließlich ist noch ein Vorbehaltsgut denkbar (§ 1418), welches diejenigen Gegenstände umfasst, bei denen ausdrücklich ausbedungen wurde, dass sie nicht ins Gesamtgut fallen.

Sonder- und Vorbehaltsgut verwaltet jeder Ehegatte selbstständig. Im Höchstfall gibt es in einer Gütergemeinschafts-Ehe fünf Gütermassen: Gesamtgut und daneben je eine Sonder-und je eine Vorbehaltsmasse bei jedem Ehegatten. Im Regelfall gibt es nur das Gesamtgut, da §§ 1417, 1418 nur in Ausnahmefällen vorliegen werden.

Wie in einer BGB-Gesellschaft geschieht die Vermögensverwaltung in der Gütergemeinschaft grundsätzlich gleichmäßig durch beide Gatten (§§ 1421, 1450 ff) oder man einigt sich, dass nur einer verwalten soll, §§ 1422 ff.

Wir fassen die Güterstände zusammen.

Übersicht 25: Güterstände der Ehe

- **Zugewinngemeinschaft**/gesetzlicher Güterstand
  (alles getrennt; Gewinn der Ehezeit wird bei Scheidung oder Tod ausgeglichen)
- **Gütertrennung**
  (alles getrennt; keine Aufteilung bei Scheidung, Tod)
- **Gütergemeinschaft**
  (alles zusammen; Sonder- und Vorbehaltsgut möglich)
- **modifizierte Zugewinngemeinschaft**
  (verschiedene Mixe aus Zugewinngemeinschaft und Gütertrennung; vertraglich entwickelt)

Lesen Sie jetzt bitte noch die **§§ 1357 II, 1412, 1408, 1476–1478**.

Betreuung, Vormundschaft und elterliche Sorge

Wie würden Sie den Sinn von Betreuung und Vormundschaft definieren?

Hauptzweck der Betreuung ist offensichtlich für behinderte Erwachsene (§ 1896) die Möglichkeit zu schaffen, am Rechtsverkehr teilzunehmen.

Die Vormundschaft betrifft Kinder. Im Normalfall werden diese ja durch ihre Eltern vertreten (§§ 1626 I, 1629 I). Allerdings gibt es ja auch besondere Fälle, etwa wenn die Eltern nicht mehr leben, die elterliche Sorge ruht (§§ 1673 ff) oder wenn den Eltern das Vertretungsrecht entzogen wurde (§ 1773). Die Kinder erhalten in diesen Fällen einen Vormund von Amts wegen (§ 1774).

Dazu noch die konkreten Bezeichnungen:

Betreuung ▶ Den vertretenen Erwachsenen nennt man Betreuter

Vormundschaft ▶ Das vertretene Kind heißt Mündel

Fall 113

Der Vormund verkauft ein Buch seines Mündels an seine eigene Ehefrau zu einem angemessenen Preis, der auf das Konto des Mündels eingezahlt wird. Ist das Geschäft wirksam?

Gem. §§ 164 I, 1793 ist der Vormund gesetzlicher Vertreter des Mündels. (Der Jurist sagt übrigens „der", nicht „das" Mündel.) Gem. § 1795 I Ziff. 1 sind Geschäfte des Vormunds als Vertreter des Mündels mit gewissen Familienangehörigen verboten. Es ist so, als ob der Vormund das Buch an sich selbst verkauft (§ 181) hätte. Der Vertrag ist unwirksam.

Was müsste der Vormund tun, um den Vertrag doch noch wirksam abzuschließen?

Da der Vormund den Vertrag mit seiner Frau nicht selbst abschließen kann, muss es ein anderer tun. Für solche Fälle kann das Vormundschaftsgericht, welchem die Aufgabe der Überwachung der Vormundschaft zukommt, einen Ergänzungspfleger bestellen, § 1909. Dieser schließt nun an Stelle des verhinderten Vormunds den Vertrag, falls das Geschäft nicht dem Interesse des Mündels zuwiderläuft. Die Pflegschaft ist ein der Vormundschaft ähnliches Institut, nach § 1915 sind die Vorschriften über die Vormundschaft entsprechend anzuwenden. Der Pfleger ist nur im Gegensatz zum Vormund auf ein ganz bestimmtes Gebiet beschränkt, oft, wie hier, auf ein einziges Rechtsgeschäft.

Außerdem kann eine Ergänzungspflegschaft auch in jenen Fällen in Betracht kommen, in denen Eltern oder Vormund im Einzelfall von der Vertretung ausgeschlossen sind (z.B. § 1629 II).

Zurück zum Fall: Der Buchverkauf an die Ehefrau des Vormunds ist also nichtig. Eine Rettung ist nur über Neuvornahme unter Mitwirkung des Vormundschaftsgerichts möglich. Also ein Riesenumstand nur für ein Buch.

Nebenbei: Was ist eine mündelsichere Geldanlage? Ganz einfach: Es ist eine verzinsliche Geldanlage im Sinne von § 1806, welche dem Vormund hinsichtlich des Mündelvermögens zur Pflicht gemacht ist. Wenn der Vormund das Mündelgeld in den Sparstrumpf steckt, haftet er gem. § 1833 für den Verlust an Zinsen usw.

Fall 114

Der Vormund will eine Briefhypothek des Mündels an X abtreten. Welche Genehmigungen braucht er?

Zweifellos ist eine Hypothek ein Recht an einem Grundstück. Doch schließt § 1821 II den § 1821 I bei Hypotheken aus, sodass nach § 1821 keine Genehmigung nötig ist. Allerdings verlangt § 1812 die Genehmigung des Gegenvormunds, falls ein solcher existiert, wenn nicht, so ist die Genehmigung des Vormundschaftsgerichts vonnöten, § 1812 III.

Wird das Geschäft ohne die erforderliche Genehmigung geschlossen, so gilt § 1829: Es ist schwebend unwirksam.

Vermerken Sie sich § 1812 und §§ 1821 ff bei § 1795 im Gesetz.

Grundsätzlich gesehen, ist der Vormund mit seiner Vertretung also an zwei Schranken gebunden. Diese sind – wie im Sachenrecht üblich – wiederum sehr verästelt.

Hier ein Leitsatz über das Grundprinzip:

Leitsatz 41

Schranken des Vormunds

Genehmigungserfordernis

- In bestimmten Fällen (z.B. Grundstücksrechte, Geldanlagen, Erbausschlagung) benötigt der Vormund die **Genehmigung** des **Vormundschaftsgerichts** bzw. eines Gegenvormunds. Ohne Genehmigung getätigte Rechtsgeschäfte sind beim Vertrag schwebend unwirksam (§ 1829 I) oder beim einseitigen Rechtsgeschäft regelmäßig unwirksam (§ 1831).

Vertretungsausschluss

- In Fällen, bei denen der Vormund selber, sein Ehegatte oder seine Verwandten beteiligt sind, kann der Vormund den Mündel **nicht vertreten** (§§ 1795, 181). Das Vormundschaftsgericht kann aber zur Vornahme einen Pfleger bestellen.

Fall 115

Ein Kind macht eine Erbschaft. U.a. erbt es ein Auto. Die Eltern verkaufen das Auto zu einem angemessenen Preis an einen erwachsenen Bruder des Minderjährigen. Rechtslage?

Gem. § 1626 I haben die Eltern gemeinsam das Sorgerecht und damit das Recht, das Kind zu vertreten. Gem. § 1629 II, der auf § 1795 verweist, ist das Vertretungsrecht der Eltern ausgeschlossen, wenn es sich um ein Geschäft mit eigenen nahen Verwandten handelt, § 1795 Ziff. 1.

Die Eltern hätten gem. § 1909 einen Ergänzungspfleger bestellen lassen müssen. Das Gleiche gilt, wenn die Eltern das Kind in Geschäften mit sich selbst vertreten sollen, §§ 181, 1795 II.

Der Verkauf des KFZ ist in diesem Fall also unwirksam. Der Verkauf an einen Dritten wäre aber wirksam gewesen.

Fall 116

Die Eltern als gesetzliche Vertreter ihres Kindes:

a) schlagen eine Erbschaft des Kindes aus

b) belasten ein Grundstück des Kindes mit einer Sparkassen-Hypothek

c) treten eine Hypothek, die für das Kind an einem fremden Grundstück eingetragen ist, an die Sparkasse ab

Welche Genehmigungen brauchen sie? Suchen Sie erst selber!

a) § 1643 gibt Auskunft. Da er nicht auf § 1822 Ziff. 2 verweist, könnte man annehmen, die Ausschlagung sei genehmigungsfrei. Aber Achtung! Nach § 1643 II ist in der Regel doch eine Genehmigung nötig.

b) Die hypothekarische Belastung ist eine Grundstücksverfügung nach § 1821 I Ziff. 1 und genehmigungsbedürftig aufgrund der Verweisung von § 1643 auf § 1821.

c) Bei der Übertragung der Hypothek heißt es aufpassen: Die gesetzliche Regelung enthält einige Fußangeln, wie wir im Fall 114 gesehen haben. Während ein Vormund in der Regel das Vormundschaftsgericht braucht, vgl. §§ 1821 I 1, II und 1812, benötigen die Eltern hier keine Genehmigung, weil § 1643 nicht auf § 1812 verweist. Eltern sind also freier als Vormünder.

Zum Schluss vermerken Sie bitte im Gesetz: § 1812 bei § 1821 II und § 1643 bei §§ 1821, 1822 und 1629 II.

Für die wenigen im BGB verbliebenen Besonderheiten nichtehelicher (früher unehelicher) Kinder lesen Sie bitte §§ 1592, 1594, 1599, 1600, 1615a, 1626a. Für betreute Erwachsene (früher ebenfalls „Mündel" genannt) gelten zudem die §§ 1896, 1901 I, 1908i.

Zum Abschluss des Familienrechts hier eine Übersicht über die Grundbegriffe.

Übersicht 26: Grundbegriffe des Familienrechts

- „Geschäfte zur angemessenen Deckung des Lebensbedarfs der Familie" sind die **laufenden Familiengeschäfte**, die üblicherweise von einem Ehepartner allein erledigt werden; sie wirken nach § 1357 für und gegen beide Ehegatten – übrigens unabhängig vom Güterstand.

- Der gesetzliche Güterstand der **Zugewinngemeinschaft** liegt vor, wenn die Gatten keinen Vertrag über den Güterstand (Ehevertrag) geschlossen haben. Der Name Zugewinngemeinschaft ist irreführend, weil das Wesen dieses Güterstandes darin liegt, dass beide Gatten ihr Vermögen getrennt verwalten und der während der Ehe erzielte Vermögenszugewinn erst bei Ende des Güterstandes (Tod, Scheidung usw.) ausgeglichen wird.

- Der vertragliche Güterstand der **Gütertrennung** unterscheidet sich von der Zugewinngemeinschaft praktisch nur dadurch, dass bei ihm die Ausgleichung des Zugewinns ausgeschlossen ist. Beim vertraglichen Güterstand der **Gütergemeinschaft** ist die Verwaltung des Gesamtguts durch einen Gatten oder durch beide gemeinsam möglich. Das Gesamtgut, welches mit wenigen Ausnahmen das ganze Vermögen beider Gatten umfasst, ist wie bei der BGB-Gesellschaft Gesamthandseigentum und steht damit beiden Ehegatten gemeinsam zu.

- **Eltern**, **Betreuer** und **Vormünder** sind gesetzliche Vertreter, aber in einigen Fällen in ihrer Vertretungsmacht beschränkt; letztere mehr als die Eltern. Die Einschränkung kann bestehen in der Pflicht, ein Geschäft vom Vormundschaftsgericht genehmigen zu lassen oder im Ausschluss von der gesetzlichen Vertretung. Im Falle des Ausschlusses muss ein Ergänzungspfleger (§ 1909) an Stelle des gesetzlichen Vertreters handeln.

Lektion 16: Grundbegriffe des Erbrechts

Sterben macht Erben

Fall 117

In München stirbt der alte Witwer X ohne Hinterlassung einer letztwilligen Verfügung (z.B. Testament). Er nennt ein Haus und einen Sohn sein Eigen. Weitere Angehörige hat er nicht. Der Sohn, der in Berlin studiert, weiß noch nichts von dem Todesfall. Wer ist der Eigentümer bzw. Besitzer der Erbmasse?

Im alten Rom war der Fall so geregelt, dass bis zur Annahme oder Ausschlagung der Erbschaft noch kein Vermögensübergang erfolgte. Bei uns dagegen ist es seit jeher so, dass die Erbschaft in der Sekunde, in der die Seele des Erblassers gen Himmel (oder zur Hölle, je nachdem) fährt, der Erbe in die Rechtsposition des Erblassers eintritt. D.h.: Gem. § 1922 I geht das Vermögen des Toten mit allen Aktiva und Passiva auf den Erben über (Universalrechtsnachfolge). Merksatz:

Sterben macht Erben

Ein wenig kennt jeder schon die gesetzliche Erbfolge? Sohn beerbt Vater, Vater beerbt Großvater? Und wer etwas Besonderes wünscht, macht ein Testament? Wenn Sie zum Verständnis der Einstiegsfälle Ihre Grundlagen noch vertiefen möchten, lesen Sie bitte vorab die nächste Lektion 17

Weiter im Fall. Der erbende Sohn haftet z.B. gem. § 1967 für alle Schulden des alten Herrn. Andererseits wird er nicht nur Eigentümer, sondern auch Besitzer (§ 857) aller Sachen des Vaters. Wo der Erblasser mittelbaren Besitz hatte, hat der Erbe mittelbaren; wo der Erblasser unmittelbaren Besitz hatte, hat ihn der Erbe, auch wenn er von dem Todesfall noch nichts weiß und 1.000 km entfernt ist. Das „tatsächliche Herrschaftsverhältnis" ist in diesem Falle mehr fiktiver Art. Sie sehen:

- Der Erbe rückt in jeder Beziehung in die rechtliche Position des Toten ein.

Eine Ausnahme bilden wenige besondere Vermögensgegenstände, die einer eigenen Singularrechtsnachfolge unterliegen (z.B. sozialrechtliche

Ansprüche, landwirtschaftliche Güter nach der HöfeO) und naturgemäß gewisse höchstpersönliche Beziehungen des Toten wie Vereinsmitgliedschaften (§ 38) usw.

Fall 118

Wie vorher, bloß ist diesmal das Hausgrundstück des X so hoffnungslos überschuldet, dass der Sohn mit der Erbschaft nichts zu tun haben möchte. Was kann er tun?

In § 1942 I steht, dass der Erbe trotz des sofortigen Übergangs der Erbschaft ein Ausschlagungsrecht behält. Die Ausschlagung hat zur Folge, dass die Rechtslage so gestaltet wird, als ob der Sohn nie Erbe geworden wäre, § 1953 I, die Ausschlagung wirkt also ex tunc (rückwirkend).

Wichtig ist, dass die Ausschlagung grundsätzlich binnen sechs Wochen (§ 1944 I, II) gegenüber dem Nachlassgericht ausgesprochen wird. Wenn dies nicht getan wird, bleibt der Sohn des X unwiderruflich Erbe.

Der Sohn aus unserem Fall kann also die Erbschaft ausschlagen. Dann hat er mit den Schulden aber auch mit dem Haus nix mehr am Hut.

Erbschaft – Vermächtnis – Auflage

Fall 119

A stirbt, ohne erbberechtigte Verwandte zu haben. Er hinterlässt ein gültiges Testament, in welchem es u.a. heißt: B erbt meine große chinesische Vase, alles andere gehört C. Wer ist der Eigentümer der Vase?

Bitte lesen Sie aufmerksam die §§ 1939, 2087! Sie sehen:

Von der gesetzlichen Erbfolge kann durch eine Verfügung von Todes wegen abgewichen werden. Zu diesen zählen das Testament (§§ 1937, 2064 ff) und der Erbvertrag (§§ 1941, 2274 ff).

Grundsätzlich ist nur derjenige Testamentserbe, dem im Testament die ganze Erbschaft oder ein Bruchteil zugesprochen ist. Wer nur Einzelstücke erhält, ist Vermächtnisnehmer gem. §§ 2147, 2174. Er ist nicht Erbe und hat nur nach § 2174 einen schuldrechtlichen – nicht dinglichen! – Anspruch gegen den Erben auf Herausgabe und Übereignung.

In unserem Fall ist nicht B, sondern C vorerst Eigentümer des chinesischen Kunstwerks.

Sie müssen sich unbedingt einhämmern:

- Einzelne Gegenstände kann man nicht vererben, sondern immer nur abstrakte Vermögensbruchteile.

Leider sind diese Grundbegriffe oft noch in den höheren Semestern unbekannt. Wer in der Klausur oder sonst einen solchen Grundlagenfehler macht, kann nicht mehr erwarten, dass seine Leistung mit „ausreichend" bewertet wird.

Fall 120

Weiter in unserem Fall: Der Erbe C nimmt alle Sachen des Verstorbenen an sich. Da er mit dem Vermächtnisnehmer B verfeindet ist und ihm die Vase nicht gönnt, wirft er das Stück kurzerhand an die Wand. Rechtslage?

a) Nach § 2147 hatte C als Erbe die Pflicht, dem B die Vase zu überlassen. Die Erfüllung dieser Pflicht ist nun unmöglich geworden. Daher muss C wegen verschuldeter Unmöglichkeit gem. §§ 276, 280 Ersatz leisten. Die komplette Paragrafenkette lautet: §§ 275 I, IV, 283, 280 I, III, 276, 249, 251.

b) § 823 I kommt als Schadensersatzanspruch nicht infrage, da C noch Eigentümer war und der schuldrechtliche Herausgabeanspruch kein absolutes Recht im Sinne des § 823 I ist, sondern nur ein relatives.

c) Außerdem greift § 826 ein.

Fall 121

Die Witwe und Tierliebhaberin A vermacht durch Testament ihr Vermögen ihrer Freundin B. Im Testament heißt es u.a.: Die Erbin muss aber meine 20 Katzen gut pflegen. Rechtslage?

Gem. §§ 1937, 2087, 1942 I ist das Vermögen der A mit ihrem Tod auf B übergegangen. Die Verpflichtung, die Tiere zu pflegen, ist eine Auflage im Sinne von §§ 2192 ff. Eine solche liegt gem. § 1940 dann vor, wenn dem Erben eine Pflicht auferlegt wird, ohne dass jemand ein Recht auf Leistung hat.

Dies ist hier der Fall. Tiere sind zwar keine Sachen, werden vom BGB aber grundsätzlich so behandelt (§ 90a) und können demnach nicht Träger von Rechten sein (keine Rechtsfähigkeit gem. § 1 oder § 21).

Fall 122

Der reiche Witwer W heiratet die Erbschleicherin E. Da sie es versteht, sich bei ihm einzuschmeicheln, schreibt er bald ein Testament: „E ist meine Alleinerbin. Meine sämtlichen Kinder sind enterbt." Wie ist die Rechtslage, wenn W stirbt?

Nach dem Gesetz sind Frau und Kinder nebeneinander erbberechtigt, §§ 1924, 1931. Durch ein Testament wird die gesetzliche Erbfolge ausgeschlossen (§ 1937). Der Gesetzgeber hat aber der Willkür des Testamentserrichters (Testators) eine Schranke gesetzt. Wenn schon nahe Angehörige von der Erbfolge ausgeschlossen werden können, dann soll ihnen in einem solchen Falle wenigstens die Hälfte des Werts ihres gesetzlichen Erbteils als Pflichtteil zustehen.

Der Pflichtteil ist allerdings kein Erbteil, sondern nur ein schuldrechtlicher Anspruch auf Zahlung der betreffenden Summe in Geld, also ein gesetzliches Vermächtnis, vgl. §§ 2303 ff. Die Höhe des Erbteils wird in der nächsten Lektion 17 behandelt werden.

▶ Pflichtteilberechtigt sind insbesondere enterbte Abkömmlinge, Eltern und Ehegatten (§ 2303 I, II).

Erbvertrag und Testament

Fall 123

Im Erbschleicherfall 122 kommen dem Testator W doch noch Zweifel an seinem Testament. Kurz entschlossen zerreißt er es und wirft es in den Müllschlucker. Wie ist die Rechtslage, wenn er stirbt?

Ein privatschriftliches Testament muss persönlich errichtet werden (§ 2064). Es muss nach § 2247 zur Wirksamkeit eigenhändig geschrieben und unterschrieben sein. Ein Erblasser kann auch zum Notar gehen und dort ein öffentliches Testament gem. § 2231 errichten. Andere Wege, z.B. ein Nottestament vor drei Zeugen (§ 2250) oder dem Bürgermeister (§ 2249), werden selten beschritten.

Der Erblasser kann sein Testament **jederzeit** u.a. durch ein **neues** Testament **widerrufen** (§§ 2253, 2254).

Nach § 2255 kann ein Testament auch durch **Vernichtung** widerrufen werden.

Dies ist hier der **Fall**. Es bleibt bei der gesetzlichen Erbfolge. Die E bekommt nur ihren Ehefrau-Erbteil und nix dazu.

Fall 124

Wie in den Fällen vorher, bloß war diesmal die E so clever, mit dem Erblasser gem. §§ 1941, 2274 ff einen Erbvertrag zu schließen, in welchem sie sich von W zur Alleinerbin einsetzen ließ. Wie verhält es sich jetzt mit der Widerruflichkeit?

Es ist das Wesen von Verträgen, dass sie **gehalten** werden müssen. W kann höchstens bei Vorliegen von Irrtümern nach § 2281 I in Verbindung mit §§ 2078 f anfechten. Im Übrigen ist er hinsichtlich der Aufhebung des **Erbvertrages** auf die Zustimmung seiner Frau angewiesen, § 2290 I. Also **Vorsicht** mit Erbverträgen!

In diesem **Fall** kann also W den Erbvertrag wieder und wieder zerreißen, es nützt nix, die E bekommt alles. Allerdings muss E die **Pflichtteile** an die Kinder auskehren.

Hinweis: Das Institut des Erbvertrages wurde vom Gesetzgeber allerdings nicht für Erbschleicher, sondern für sinnvolle Fälle, wie **Pflege** bis zum Tode oder **Unternehmensnachfolgen**, geschaffen.

Streng zu **unterscheiden** vom Erbvertrag ist das **gemeinschaftliche Testament** (§§ 2265 ff), welches nur von **Ehegatten** errichtet werden kann. Wesen des gemeinsamen Testaments ist es, dass die Ehegatten in einer gemeinsamen Urkunde einseitige Verfügungen von Todes wegen treffen. Im Gegensatz zum Erbvertrag kann jeder Gatte seine Verfügung frei widerrufen. Eine **Bindung** tritt unter bestimmten Umständen beim **Tode** des einen ein, vgl. § 2271 II. Der Hauptunterschied zum Erbvertrag liegt also in dem mangelnden Bindungswillen bei Errichtung des gemeinsamen Testaments.

Übersicht 27: Testament und Bindung

Testament	gemeinschaftliches **Ehegatten Testament**	**Erbvertrag**
keine	Bindung ab Tod des Erstversterbenden hinsichtlich der wechselbezüglichen Verfügungen	Bindung ab Vertragsschluss

Fall 125

X bestimmt in seinem Testament: Mein Erbe ist zunächst mein Sohn Y, nach seinem Tod meine Tochter Z. Wie ist die erbrechtliche Lage?

Bitte suchen Sie im Gesetz.

Offenbar wurde Y als Vorerbe eingesetzt (§§ 2100 ff), denn nach seinem Tod soll das von ihm geerbte Vermögen des X nicht seinen gesetzlichen Erben zufallen, sondern einem von X bestimmten Nacherben.

Was bedeutet Vorerbe im Einzelnen?

Der Vorerbe ist nicht etwa nur Verwalter der Erbschaft, sondern echter Erbe des Testators. Grundsätzlich darf er als Eigentümer über die Nachlassgegenstände verfügen (§ 2112). Das gilt jedoch nicht für Verfügungen von Todes wegen über das Vermögen der Vorerbschaft. Diese kann Y nicht selbst vererben, da diese bei seinem Tod automatisch an Z fällt. Erblasser ist für diesen Teil ebenfalls der X. Außerdem sind auch Verfügungen unter Lebenden des Vorerben über Grundstücke dem Nacherben gegenüber unwirksam, § 2113. Allerdings ist der gute Glaube Dritter durch § 2113 III geschützt.

Wie würden Sie den Ausdruck „gegenüber dem Nacherben unwirksam" erklären? Bitte überlegen Sie!

Während Unwirksamkeit im Normalfall bedeutet, dass das Geschäft, z.B. eine Veräußerung einer Sache, für immer und gegenüber jedem null und nichtig ist, bleibt bei dem erwähnten Fall der Veräußerung gem. § 2113 das Geschäft zunächst voll gültig. Nur im Falle der Nacherbfolge kann der Nacherbe die Unwirksamkeit geltend machen. Wenn aber z.B. die Linie des Nacherben ausstirbt und der Nacherbfall nicht eintritt, so hat der bösgläubige Erwerber Glück gehabt und das Geschäft bleibt gültig.

Der Erblasser kann den Vorerben aber auch von den meisten Einschränkungen befreien und damit fast zum Vollerben machen: § 2136! Die Bezeichnung hierfür lautet: befreiter Vorerbe. Ein zusätzliches Wort im Testament und schon ist der Vorerbe aus der belastenden Zwickmühle entlassen.

In den Zeiten von Patchwork-Familien wird das Institut des befreiten Vorerben immer bedeutender. So kann der Fluss des Vermögens im Dschungel von Stiefkindern (Bonuskindern), neuen Ehepartnern und Halbgeschwistern konkreter gesteuert werden.

Eine letzte Frage: Könnte der Nacherbe im Hinblick darauf, dass er als gesetzlicher Erbe beim Tod des Erblassers noch nichts erhält, den sofortigen Pflichtteil verlangen? Nein, denn auch der Nacherbe ist wahrer Erbe des Testators (nicht des Vorerben!) und gilt damit nicht als enterbt, es sei denn, er schlägt die Nacherbschaft aus. Insoweit hat er nach § 2306 II, I ein Wahlrecht zwischen Nacherbe oder Pflichtteil.

Übersicht 28: Grundbegriffe des Erbrechts

- Mit dem **Tode** des Erblassers tritt der Erbe automatisch in dessen **gesamte Rechtsposition** ein (Universalrechtsnachfolge). Innerhalb bestimmter Frist hat er die Möglichkeit, den Erbschaftsanfall durch **Erbausschlagung** rückwirkend zu beseitigen.

- Erben kann man immer nur **abstrakte Vermögensbruchteile**, nie konkrete Gegenstände als solche.

- Wenn einzelne Gegenstände vermacht werden (**Vermächtnis**), so hat der Bedachte nur einen schuldrechtlichen Anspruch auf Übertragung gegen den Erben.

- Der **Pflichtteil** des **Enterbten** ist ein gesetzliches Vermächtnis. Er beträgt die **Hälfte** des gesetzlichen Erbteils.

- **Auflage**: Wenn dem Erben (oder dem Vermächtnisnehmer) im Testament Pflichten auferlegt werden, ohne dass jemand ein Recht auf Leistung erhält.
- Im Testament kann die **Vor**- und **Nacherbschaft** angeordnet werden. Der Vorerbe ist deutlich **beschränkt** in seinem Handlungsspielraum, es sei denn, er wurde zum **befreiten Vorerben** bestimmt.
- Das Testament ist frei **widerruflich**. Dies gilt auch für das gemeinsame **Ehegattentestament** bis zum Tode eines Partners.
- Der **Erbvertrag** ist ohne Zustimmung des Vertragspartners nicht widerruflich.

Bitte lesen Sie zum Schluss noch folgende Paragrafen: §§ 1932, 2353, 2366, 2087 II, 2134, 2231, 2247, 2079.

Lektion 17: Erbschaft und Verwandtschaft

Fall 126

In der Eifel stirbt der steinalte Bauer B unter Hinterlassung von zehn Söhnen. Jeder Sohn hat wiederum zehn Kinder. Wer ist gesetzlicher Erbe?

Bitte suchen Sie unter §§ 1922ff.

§ 1924 gibt Auskunft. Gem. § 1924 IV erben die zehn Söhne als Abkömmlinge des B zu gleichen Teilen, also jeder 1/10. Da alle Söhne des B noch leben, werden die Enkelkinder, die durch die Söhne mit B verwandt sind, von der Erbfolge ausgeschlossen, § 1924 II.

Ergebnis: Die zehn Söhne sind Erben zu gleichen Teilen.

Fall 127

Wie vorher, bloß sind fünf der Söhne tot, die Enkel leben aber noch alle. Rechtslage?

Gem. § 1924 IV erhalten die fünf lebenden Söhne des B wie vorher je 1/10 der Erbschaft. An Stelle eines jeden verstorbenen Sohnes treten dessen Kinder, § 1924 III. Das, was der verstorbene Sohn bekommen hätte (1/10), verteilt sich nun gleichmäßig auf die Kinder des Sohnes, § 1924 IV, sodass jeder erbberechtigte Enkel 1/10 des Erbteils des verstorbenen Sohnes bekommt, also 1/100 der Erbschaft.

Ergebnis: Die fünf lebenden Söhne des B erben je 1/10 und schließen die durch sie mit B verwandten Enkel (Sie müssen sich das in Form eines **Stammbaums** bildlich vorstellen, Muster unten) von der Erbfolge aus. An die Stelle der verstorbenen Söhne treten die entsprechenden (fünf Mal zehn) Enkel, welche je 1/100 erhalten.

Fall 128

Die Witwe A stirbt und hinterlässt einen Sohn, einen Bruder und beide Eltern. Wie ist die erbrechtliche Lage?

Gem. § 1924 I ist der Sohn Erbe **erster Ordnung**, die Eltern und der Bruder gem. § 1925 I Erben **zweiter Ordnung**. § 1930 bestimmt aber, dass ein Verwandter dann nicht Erbe sein kann, wenn ein Verwandter einer **vorhergehenden** Ordnung vorhanden ist.

Damit ist der Sohn der A hier Alleinerbe.

Fall 129

Ein Witwer stirbt, ohne Blutsverwandte zu hinterlassen. Es lebt nur die Frau eines verstorbenen Sohnes. Wer erbt?

Wichtig ist hier der Verwandtschaftsbegriff. Dieser ist dem Familienrecht zu entnehmen. Bitte lesen Sie die §§ 1589, 1590. Sie sehen:

- Das BGB versteht unter Verwandtschaft die Blutsverwandtschaft.

Info: Eheliche und nichteheliche Kinder werden erbrechtlich gleich behandelt.

Durch die Eheschließung entsteht Schwägerschaft, aber keine Verwandtschaft. Verschwägert sind die Eltern des Ehemannes mit dessen Ehefrau, das Kind mit der Stiefmutter usw.

Ergebnis: Da somit im gegebenen Fall keine Verwandten vorhanden sind, wird der Fiskus gem. § 1936 Erbe.

Unter Fiskus wird der Staat in seiner privatrechtlichen Sphäre verstanden, also vor allem der Staat als privater Vermögensträger. Der Fiskus kann die Erbschaft nicht ausschlagen, § 1942 II.

Fall 130

A stirbt, es leben nur ihre Mutter und ein Bruder. Wer ist Erbe?

Auskunft gibt § 1925. Erben zweiter Ordnung sind danach die Eltern des Erblassers und deren Abkömmlinge.

Die Parallele zu § 1924 ist offensichtlich: Leben die primär Berechtigten (hier die Eltern) noch, so sind ihre Abkömmlinge von der Erbschaft ausgeschlossen. Lebt einer der primär Berechtigten zurzeit des Erbfalls nicht mehr, so treten an seine Stelle seine Abkömmlinge. Daher tritt hier an die Stelle des verstorbenen Vaters der Bruder.

Bruder und Mutter erben in diesem Fall also zu gleichen Teilen, § 1925 II, III.

Es ist sehr nützlich, wenn Sie sich bei allen Erbfällen, in denen die Lösung nicht auf den ersten Blick klar ist, eine Übersicht, nach Art eines Stammbaums, anlegen. Dadurch sparen Sie sich viel Zeit und unnütze Mühe. Sie wissen ja, schon Goethe malte Übersichten. Die Stammbaum-Übersicht kann etwa so aussehen.

Übersicht 29: Ein Erbfall

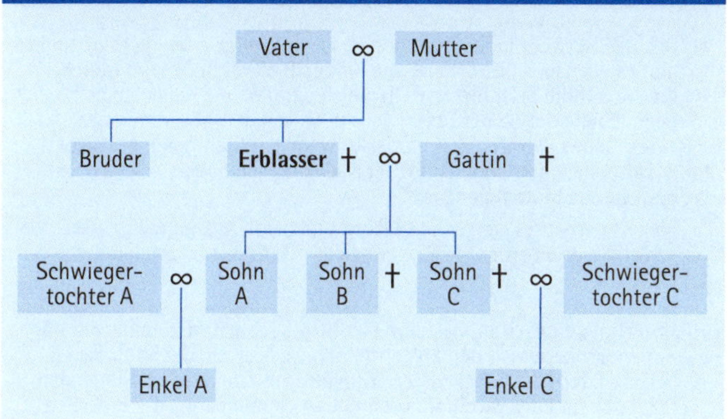

Fall 131

Wer erbt wie viel auf dem Stammbaumfall der Übersicht 29?

An diesem Stammbaum sehen Sie sofort: Neben Erben erster Ordnung (Kinder und deren Abkömmlinge) leben Erben zweiter Ordnung (Eltern und deren Abkömmlinge). Die erste Ordnung verdrängt die zweite und alle weiteren Ordnungen. Von den drei Sohnes-Stämmen ist einer ganz ausgestorben, also verteilt sich der Nachlass nur noch auf zwei. Erbe in einem Stamm ist stets, wer am nächsten am Erblasser ist. Daher erbt in dem ersten Stamm der Sohn A, während in dem anderen Enkel C erbt. Beide erhalten die Hälfte der Erbschaft.

An diesen Beispielen werden Sie schon erkannt haben, dass die Erbfolge des BGB im Grunde ganz einfach konstruiert ist.

Übersicht 30: Erbfolge

- Das BGB **bevorzugt** die **Abkömmlinge** des Erblassers vor allen anderen. Alter Rechtsgrundsatz:

  → Das **Gut** fließt abwärts wie das **Blut**

  Auch der entfernteste Urenkel schließt Eltern, Brüder, Neffen des Erblassers von der Erbfolge aus.

- Das BGB rechnet in **Stämmen**; d.h., wenn **Kinder** erbberechtigt sind, gibt es ebenso viele Stämme wie Kinder. Die Erbschaft wird **gleichmäßig** auf die Stämme verteilt, gleichgültig ob die Kinder selbst noch leben oder ob der Stamm nur noch von den Abkömmlingen eines Kindes repräsentiert wird. Nur wenn ein Stamm **ausgestorben** ist, also auch die Kinder keinerlei Nachkommen haben, scheidet der betreffende Stamm ganz aus.

  Ebenso verhält es sich, wenn **Eltern** und deren Abkömmlinge (Geschwister usw.) erben. Jeder der beiden Elternteile bildet dann eine **Linie**.

- **Innerhalb** eines Stammes bzw. einer Linie schließt derjenige, der näher am Erblasser ist, den Entfernteren aus, also z.B. der Sohn die Enkel, die Eltern die Geschwister. Die **Nähe** am Erblasser bestimmt sich nach der Zahl der Verbindungsstriche im Stammbaum, die zwischen dem Betreffenden und dem Erblasser liegen. Beim Urenkel sind es z.B. drei Striche, beim Bruder zwei (dass es dabei einmal um die Ecke geht, stört den Juristen nicht weiter).

Fall 132

A stirbt kinderlos. Er hinterlässt beide Eltern und seine Ehefrau. Rechtslage?

Gem. § 1931 I erbt die Ehefrau neben Erben der 2. Ordnung zur Hälfte. Jetzt denken Sie bitte an das Familienrecht zurück. Da im Sachverhalt keine näheren Angaben enthalten sind, muss angenommen werden, dass der Erblasser im gesetzlichen Güterstand lebte. In § 1371 I in Verbindung mit § 1931 III steht, auf welche Weise der Zugewinn im Todesfall ausgeglichen wird. Im Todesfall erhält der erbende Ehegatte als schematischen Zugewinnausgleich ein weiteres Viertel der Erbschaft. Im vorliegenden Fall erhält die Ehefrau gem. §§ 1931, 1371 einen Anteil von $3/4$, die Eltern je $1/8$ der Erbschaft.

Es ist zweckmäßig, wenn Sie § 1371 in § 1931 III kräftig unterstreichen, er wird immer wieder übersehen.

Fall 133

X stirbt und hinterlässt 20 Erben. Die Zwanzig wollen die Erbschaft möglichst schnell zu Geld machen. Was können sie tun?

Bitte sehen Sie unter §§ 2032 ff nach.

Zunächst kann gem. §§ 2033 (Verfügungsgeschäft), 2371 (Verpflichtungsgeschäft), 1922 II jeder seinen Anteil an der Erbschaft veräußern. Dies kann an Miterben oder auch an Dritte erfolgen. Beim Verkauf an Dritte steht den übrigen Miterben ein Vorkaufsrecht zu (§ 2033).

Gem. § 2042 kann man von den anderen Miterben jederzeit Auseinandersetzung, d.h. Aufhebung der Gesamthandsgemeinschaft verlangen. Dies geschieht entweder dadurch, dass sich die Erben in einem Vertrag einigen, wer welche Gegenstände zum Alleineigentum bekommt, oder dadurch, dass die Erben die Gegenstände nach und nach verkaufen und den Erlös teilen. Grundstücke werden durch Versteigerung zu Geld gemacht, §§ 2042 II, 753 I 1.

Das Thema Erbengemeinschaft bringt uns abschließend noch eine Übersicht zum Thema Gesamthandschaften.

Übersicht 31: Gesamthandsgemeinschaften

Das BGB kennt **drei** Gesamthandschaften:

- Die **BGB-Gesellschaft** (GbR)
- Die **eheliche Gütergemeinschaft**
- Die **Erbengemeinschaft**

Die Gesamthänder können über **einzelne Gegenstände** der Gemeinschaft grundsätzlich nur **gemeinschaftlich** verfügen. Diese Hürde wird aber häufig dadurch überwunden, dass ein Gesamthänder bevollmächtigt wird.

In der Gesamthandschaft darf keiner über seinen **Anteil am gemeinsamen Vermögen** verfügen. Für die **Erbengemeinschaft** hat der Gesetzgeber jedoch den Erbteilverkauf ermöglicht.

V. Praktische Hinweise

Lektion 18: Aufbau der BGB-Klausur und Arbeitstechnik

Ein Beispiel

Bei der Korrektur von Klausurarbeiten bemerkt man - auch bei Studenten höherer Semester - oft eine **erstaunliche Unsicherheit** im Aufbau. Dies rührt zum Teil von der verbreiteten falschen Auffassung her, der Aufbau sei eine bloße Äußerlichkeit, in erster Linie komme es auf die materiell-rechtlichen Ausführungen an. Tatsächlich ist die Gliederung einer Arbeit aber ein Ausfluss der **juristischen Logik**. Aufbaufehler werden zu Recht ebenso schwer bewertet wie materielle Grundlagenfehler.

Wir wollen deswegen im Folgenden einen **kompletten Lösungsvorschlag** eines kleinen Rechtsfalls studieren und die Lösungsskizze anschließend in Bezug auf **Formales** auswerten. Zugleich werden einige für Sie **neue Rechtsfragen** angeschnitten. Versuchen Sie trotzdem, wie immer erst die Lösung selbst zu finden, bevor Sie weiterlesen.

Fall 134

A hat B für 14 Tage ein wertvolles altes Buch (I) geliehen. Als B nach einer Woche in finanzielle Schwierigkeiten gerät, veräußert er den Band, der ca. 500 € wert ist, für 1.000 € an den Liebhaber X, der das Buch (I) um jeden Preis behalten möchte. C hört das gesprächsweise von B und stiehlt daraufhin bei A ein ähnliches Buch (II), um es später auch zu verkaufen. Noch bevor es dazu kommt, erfährt A von dem ganzen Sachverhalt. Wie ist die Rechtslage? Ansprüche aus Geschäftsführung ohne Auftrag sind nicht zu prüfen.

Überlegungen vorab:

Fragt die Aufgabenstellung nach der **Rechtslage** sind grundsätzlich alle denkbaren Ansprüche aller Beteiligten gegeneinander zu prüfen.

Achten Sie aber unbedingt darauf, ob der Aufgabensteller eine **Einschränkung** vorgenommen hat. Anderenfalls verschwenden Sie unnötig

Zeit für ungefragte Punkte und zeigen gleich zu Beginn, dass Sie die Aufgabe nicht genau gelesen haben. Solche Einschränkungen können sich auf Personen (z.B. nur Ansprüche des A gegen B) oder bestimmte Prüfungsbereiche (z.B. nur Herausgabe- oder Schadensersatzansprüche) beziehen.

Hier wurden Ansprüche aus GoA (§§ 677 – 687) ausdrücklich ausgeschlossen und sind daher von Ihnen nicht zu thematisieren.

Auch ist bei Sachverhalt auf **Besonderheiten** und **Fallstricke** zu achten. Lesen Sie den Fall mehrfach und genau. Versuchen Sie sich den Fall innerlich selbst mit anderen Worten zu erzählen.

Hier wurde die Existenz von **zwei Büchern** mit den Zusätzen (I) und (II) extra herausgehoben und damit besonders verdeutlicht. Ein solcher Extrahinweis findet sich aber nicht immer. Man hat daher schon gesehen, dass in der Klausuraufregung solche **besonderen** Konstellationen komplett übersehen wurden. Auch über das „**dazu**" kann man hier nachdenken. Was bedeutet es Ihrer Ansicht nach?

Kommen wir zum kompletten **Lösungsvorschlag**:

A. Ansprüche des A gegen X

Sie beginnen gleich mit Ansprüchen des A. Ansprüche von B, C oder X sind nicht ersichtlich und daher nicht weiter zu diskutieren. Der Einstieg erfolgt hier mit Ansprüchen des A gegen X. Diese betreffen zudem den im Sachverhalt chronologisch ersten Komplex zum Buch (I).

A könnte gegen X einen Anspruch auf Herausgabe des Buches (I) aus § 985 haben. Dazu müsste er dessen Eigentümer sein. Zunächst war er das, später hat er jedoch sein Eigentum nach § 929 S. 1, 932 I durch Übereignung von B an X (Einigung + Übergabe) verloren. Zwar war B selbst nicht Eigentümer des Buches und daher auch nicht zur Übereignung berechtigt. Die Übereignung erfolgte hier aber an den gutgläubigen (§ 932 II) X, der weder wusste noch wissen musste, dass das Buch dem B nicht gehörte. Aus demselben Grund bestehen auch keine Besitzschutzansprüche (§§ 861 sowie 1007 I und II) des A gegen X. Weitere Ansprüche sind nicht ersichtlich. Insbesondere scheidet § 816 I 2 aus, da C das Buch für 1.000 € und somit nicht unentgeltlich erworben hat.

B. Ansprüche des A gegen B

Sie setzen nun mit den Ansprüchen von A gegen B fort. Da B das Buch (I) selbst nicht mehr hat, kommen hier keine Herausgabeansprüche, sondern nur Schadensersatzansprüche und Surrogatansprüche in Betracht.

I. Ansprüche auf Schadensersatz

1. Schadensersatz aus Vertrag wegen Unmöglichkeit, §§ 604 I, 275 I, IV, 280 I, III, 283

Durch die Übereignung an den gutgläubigen und nicht zur Rückübertragung bereiten X (§§ 929, 932) ist dem B die Rückgabe des Buches, zu der er gem. § 604 Abs. I (III) verpflichtet war, unmöglich geworden. A steht hier somit ein Schadensersatzanspruch nach den §§ 280 I, III, 283, 275, 276 gegen B zu, weil dieser auch schuldhaft (hier vorsätzlich) handelte. Da hier eine Naturalherstellung (§ 249) durch Rückgabe des Buches ohne Mitwirkung des X nicht möglich ist, muss gem. § 251 Geldersatz für den Wert des Buches geleistet werden (500 €).

Erst jetzt folgt die EBV-Prüfung, da sich aus dem vorrangigen Vertragsrecht ein Recht zu Besitz ergeben könnte.

2. Ansprüche aus §§ 989 ff (Eigentümer-Besitzer-Verhältnis)

Voraussetzung für die Anwendung von § 989 wäre, dass B zu Unrecht Besitzer war. Da er hier jedoch einem Anspruch des A aus § 985 die Einrede aus §§ 986 I, 598 hätte entgegensetzen können, entfallen Ansprüche aus dem Eigentümer-Besitzer-Verhältnis. Bis zur Übereignung an X war B berechtigter Besitzer, danach war A nicht mehr Eigentümer.

3. Anspruch aus § 823 I

Wegen der rechtswidrigen und schuldhaften (hier vorsätzlichen, vgl. § 276 I) Eigentumsverletzung muss B gem. §§ 823 I, 249, 251Schadensersatz leisten (500 €).

4. Anspruch aus § 823 II

Wegen des Verstoßes gegen das strafrechtliche Schutzgesetz „Unterschlagung“ (§ 246 StGB) kann A in gleicher Höhe einen Schadensersatzanspruch gegen B geltend machen.

5. Anspruch aus § 826

Da B sittenwidrig und vorsätzlich handelte, kann A auch über § 826 Schadensersatz verlangen.

II. Ansprüche auf das Surrogat

1. Anspruch gem. § 285

Der Umstand, der die Rückgabe (§ 604) unmöglich (§ 275) machte, war hier die Übereignung an X bzw. noch genauer die Unmöglichkeit des Rückerwerbs. Da B dadurch aber einen Ersatz für den geschuldeten Gegenstand in Form des Kaufpreises (commodum ex negotiatione) erlangte, muss er diesen gem. §§ 285, 275 herausgeben.

An dieser Stelle (Reihenfolge) wären nun eigentlich Ansprüche aus GoA (§§ 677 – 687) zu prüfen. Das wurde nach der Aufgabenstellung aber ausdrücklich ausgeschlossen und unterbleibt daher auch in der Lösung.

2. Anspruch aus § 816 I 1

Da B als Nichteigentümer zugleich Nichtberechtigter im Sinne von § 816 I 1 war und da die Veräußerung des Buches gem. § 932 I auch gegenüber A wirkt, muss er die erlangten 1.000 € herausgeben. „Durch die Veräußerung erlangt“ hat B bei genauer Betrachtung zwar eigentlich nur die Befreiung von seiner Verbindlichkeit. Er hat dem X das Buch des A verkauft und war daher nach § 433 I zur Übereignung verpflichtet. Durch den gutgläubigen Eigentumserwerb des X ist B dann von dieser Verpflichtung frei geworden. Diese Befreiung kann er aber nicht nach § 816 I 1 an A herausgeben. Aus diesem Grund besteht Einigkeit darüber, dass der Veräußerungserlös (hier 1.000 €) als das „Erlangte“ zu behandeln ist. Der Umstand, dass A damit von der Geschäftstüchtigkeit des B profitiert, wird in Kauf genommen, weil dieser Mehrerlös (Wert 500 €

und Preis 1.000 €) eher dem früheren Eigentümer als dem unberechtigt Verfügenden zugestanden wird.

C. Ansprüche des A gegen C

Vorrangig zu prüfende vertragliche Ansprüche scheiden hier aus, da zwischen A und C kein Vertragsverhältnis bestanden hat. Sie können also direkt auf der nächsten Ebene beginnen. Die Ansprüche des A gegen den C, der noch immer im Besitz des Buches (II) ist, sind letztlich alle auf Herausgabe (Rückgabe) gerichtete. Eine Unterteilung nach Anspruchsgegenständen (Herausgabe, Schadensersatz usw.) ist hier nicht erforderlich, sodass im Aufbau eine Gliederungsebene entfällt.

I. Anspruch aus § 985

Da A allein durch das Entwenden des Buches (II) sein Eigentum nicht verloren hat, C aber trotzdem Besitzer (854 I) ist und diesem als unberechtigter Besitzer kein Leistungsverweigerungsrecht im Sinne von § 986 zusteht, kann A das Buch auf Grund seines Eigentums gem. § 985 heraus verlangen.

II. Anspruch aus § 861

C hat A gegen seinen Willen auch den unmittelbaren Besitz entzogen und damit verbotene Eigenmacht geübt (§ 858 I). Daher kann A auch gem. § 861 von C Rückgabe des Buches (Wiedereinräumung des Besitzes) verlangen.

III. Anspruch aus § 1007 I

Weil C beim Erwerb des Besitzes kein Besitzrecht hatte und bösgläubig war, steht A auch ein Herausgabeanspruch gem. § 1007 I zu. Ausschlussgründe nach § 1007 III liegen nicht vor.

IV. Anspruch aus § 1007 II

Daneben besteht wegen des Diebstahls noch ein weiterer (selbständiger) Anspruch des A gegen C aus § 1007 II 1. Ausschlussgründe nach § 1007 II 2 oder III sind auch hier nicht gegeben.

V. Anspruch aus § 812 I 1 Alt. 2

Auch der Besitz ist ein „Etwas“ im Sinne von § 812. Diesen hat C „in sonstiger Weise“ von A unmittelbar erlangt. Da ein Rechtsgrund hierfür nicht besteht, muss er ihn gem. § 812 I 1 Alt. 2 herausgeben. Da A nur Herausgabe, nicht aber Ersatz wegen Beschädigung der Sache (§§ 987 ff) verlangt, ist § 812 auch nicht durch Exklusivregelung des Eigentümer-Besitzer-Verhältnisses ausgeschlossen.

VI. Anspruch aus §§ 823 I, 249 I

Bereits durch die Entziehung des Buches (II) hat der C die Gebrauchsmöglichkeit des Eigentümers A gestört und daher dessen Eigentum (§ 903) verletzt. Insoweit steht A ein Schadensersatzanspruch gegen C zu. Außerdem ist durch den starken gesetzlichen Schutz des berechtigten Besitzes dieses Institut einem dinglichen Recht angenähert. Es fällt daher (nach zutreffender überwiegender) Meinung als „sonstiges Recht“ ebenfalls unter § 823 I. Durch den Diebstahl wurde auch der berechtigte Besitz des A verletzt. Er kann somit für die Eigentums- und die Besitzverletzung Schadensersatz von C verlangen. In Form der Naturalherstellung des früheren Zustandes gem. § 249 I bedeutet das die Wiedereinräumung des Besitzes.

VII. Anspruch aus § 823 II

§ 823 II gewährt in Verbindung mit § 858 und § 242 StGB (Diebstahl) im Hinblick auf § 249 I einen gleichartigen Anspruch.

VIII. Anspruch aus § 826

Dasselbe gilt auch für § 826.

D. Ergebnis

A hat keine Ansprüche gegen X. Gegen B stehen dem A im Hinblick auf das Buch (I) Ansprüche auf Schadensersatz wegen unterbliebener Rückgabe als Entleiher und wegen der Verletzung des Eigentums zu. Außerdem kann A von B den Veräußerungserlös i.H.v. 1.000 € heraus verlangen. Mit Erhalt des Kaufpreises entfällt zugleich der Schaden des A und damit nach § 285 II auch dessen Schadensersatzanspruch.

Als Eigentümer des Buches (II) kann A von C dessen Herausgabe verlangen. Ihm stehen außerdem das Recht auf Wiedereinräumung seines von C gestörten Besitzes und der Anspruch auf Schadensersatz in Form der Buchrückgabe zu.

Klausurtechnisches

Bevor wir zur Auswertung kommen, notieren Sie sich bitte §§ 285, 687 II bei § 816 und §§ 861, 1007 bei § 985. Anschließend lesen und vergleichen Sie noch die in der Praxis sehr wichtigen §§ 816 und 818.

Grundlagen

Aus der Lösungsskizze können Sie ohne besonderen Hinweis einige Grundsätze für die praktische Arbeit in der Klausur entnehmen. Wir wollen die augenfälligsten gleich vorweg in einer Übersicht zusammenfassen.

Übersicht 32: Richtlinien für die praktische Arbeit

1. Möglichst genau und folgerichtig **untergliedern**. Gliederungsebenen: A. B. C. ... / I. II. III. ... / 1. 2. 3. ... / a) b) c) ... / aa) bb) cc) ....

2. Angeführte Paragrafen nach Absätzen und Sätzen **genau zitieren**.

3. **Nicht** den Wortlaut des Gesetzes oder der Aufgabe **wiederholen**, sondern subsumieren, d.h. prüfen, ob die einzelnen Tatbestandsmerkmale einer Norm durch den Sachverhalt ausgefüllt werden.

4. **Subjektive Wendungen** („Meines Erachtens", „Wir prüfen jetzt" usw.) und Bekräftigungen („Ganz offensichtlich", „Natürlich" usw.) **vermeiden**.

5. Die **Länge** der Erörterungen einer Frage muss der **Bedeutung** der Frage im Rahmen der Arbeit **entsprechen** (Grundsatz der Proportionalität). Sehr unklare Zweifelsfragen sind länger, alle anderen kurz, und sofort erkennbare Schlussfolgerungen gar nicht zu begründen!

6. Die Erörterung muss von der **Fragestellung** ausgehen und beim **Ergebnis** enden (Gutachtenstil; Gegensatz: Urteilsstil). Kennzeichen hierfür sind Wörter wie „also", „daher" usw.

In dem angeführten Fallbeispiel wurde, wie im ganzen Buch, das „BGB“ hinter den einzelnen Paragrafen nicht zitiert. In der praktischen Arbeit sollte es aber in der Regel erscheinen.

Übrigens können oft **Ansprüche** auftreten, deren Vorliegen Sie **verneinen** wollen, die aber doch nicht ohne Weiteres von der Hand gewiesen werden können. Diese Bestimmungen müssen erörtert werden, bloß ist das Ergebnis der Erörterung eben dann die Feststellung, dass § ... nicht eingreift.

Für die mitlesenden **Profis**: Um **hier** den Ball flach zu halten wurde verschiedenes, was man hätte ansprechen und zugleich verneinen können, nicht ausgeführt. So etwa die Ansprüche aus Leihe gem. § 604 IV gegen X oder § 604 I gegen B. Auch auf die Diskussionen über eine analoge Anwendung des EBV wg. Exzess des Fremdbesitzers und eine Verdrängung des § 285 durch § 816 I 1 wurde entsprechend verzichtet.

Wichtig und oft vernachlässigt ist in der Klausurpraxis auch die **Zeiteinteilung**. Eine ausführliche Darstellung am Anfang ist kein Ausgleich für eine lückenhafte Darstellung am Schluss der Arbeit! Aus diesem Grund sollten Sie sich schon bei der Erstellung Ihrer Lösungsskizze klarmachen, für welchen Teil der Arbeit Sie wie viel Zeit einplanen wollen und müssen.

Beim Suchen nach unbekannten Bestimmungen sollten Sie sich angewöhnen, den einschlägigen **Gesetzesabschnitt** bis zum **Ende** durchzulesen. Oft stehen dort wichtige Sonderregelungen. In vielen Fällen wird es auch von Vorteil sein, das **Inhaltsverzeichnis** des Gesetzes oder das Sachregister zurate zu ziehen.

Ebenso gründlich wie den Gesetzestext müssen Sie – wie auch schon einleitend dargestellt – den **Sachverhalt** des Prüfungsfalles lesen. Jedes Wort kann für die Entscheidung wichtig sein! Prüfen Sie drei Mal, ob Ihr Sachverhalt auch wirklich der der Fragestellung ist. In gefühlten 10% der komplizierten Klausuren wird von unrichtigen Annahmen zum Sachverhalt ausgegangen.

Für **Hausarbeiten** gelten die gleichen Grundsätze wie für Klausuren. Allerdings ist alles Entscheidende mit Fundstellen zu **belegen**. Ob sie diese in Klammern und/oder in Fußnoten setzen sollen, klären Sie sinnvollerweise vorab. Da es in beide Fällen nur in Kurzform erfolgen kann, ist immer ein ausführliches Verzeichnis der benutzten Literatur anzuhängen. Ein Literaturverzeichnis wird gegliedert nach Kommentaren, Lehrbüchern, Monografien, Zeitschriften und Entscheidungssammlungen. Die Bücher sind nach Auflage bzw. Erscheinungsjahr, die Entscheidungen in der üblichen Zitierweise anzuführen, z.B. BGHZ 91, 324 für Entscheidungen des Bundesgerichtshofs in Zivilsachen, Band 91, Seite 324. Lassen Sie sich ggf. ein Muster für die an ihrem Institut gewünschte Form der Zitierung geben, dies insbesondere vor dem Hintergrund von im Internet gefundenen Texten.

Leitsatz 42

Drei Faktoren

Drei Faktoren sind es, von denen die Note einer Arbeit hauptsächlich abhängt:

- Erkennen der **Hauptprobleme**
- Richtige juristische **Erörterung**
- Richtiger **Aufbau** (richtige Gliederung)

Gliederung

Beim Aufbau einer Gliederung stellt sich anfangs die Eingangsfrage:

- Nach Personen / Ansprüchen oder Historisch

Die Regel ist der Aufbau nach den handelnden Personen, also „Wer von wem?". Innerhalb der Personenprüfung wird dann nach Anspruchsgruppen gegliedert.

Bei Ihrer „privaten" Lösungsskizze kann es durchaus sinnvoll sein, erst einmal historisch zu beginnen um alles zu verstehen. Historisch bedeutet eine Prüfung in Reihenfolge des zeitlichen Ablaufs. Nach dem Verstehen wird dann auf Personen und Ansprüche umstrukturiert. In Ausnahmefällen, etwa bei der Ermittlung des aktuellen Eigentümers einer Sache, ist es sinnvoll, auch die Schlussgliederung historisch aufzubauen.

Zum Thema Erstellung einer Gliederung nun ein kurzer Fall.

Fall 135

X hat in einem städtischen Krankenhaus K durch einen Kunstfehler des Oberarztes O einen Schaden erlitten. Welcher Gliederungsaufbau für die Ansprüche des X ist sinnvoll?

Entwerfen Sie für sich jetzt einmal eine eigene Gliederung. OK? Dann vergleichen Sie:

Also vorab die **Eingangsfrage**: Historisch ist nicht sinnvoll. Es fehlt schon ein zeitlicher Ablauf. Wir sortieren daher – wie fast immer – nach Personen / Ansprüchen, kurz genannt „nach **Ansprüchen**".

Die Grundgliederung **hier** also nach den handelnden **Personen** mit der Fragestellung, wer könnte etwas von wem bekommen. Innerhalb der Personen erfolgt dann ein Aufbau nach **Anspruchsgruppen** und **Einzelansprüchen**. Dies führt zu folgender Lösung:

A. Ansprüche des X gegen den Oberarzt O

I. aus Vertrag

II. aus unerlaubter Handlung

1. § 823

2. §§ 823 II – 229 StGB (fahrlässige Körperverletzung)

B. Ansprüche des X gegen die Stadt

I. aus Vertrag

II. aus unerlaubter Handlung

Eine weitere dazwischen geschobene Gliederungsebene kann sich ergeben, wenn verschiedene **Objekte** (z.B. im **Fall 134**: Schadensersatz, Surrogat) vorkommen.

Damit ergibt sich folgender universeller **Aufbau**.

Prüfschema 8: Prüfung nach Ansprüchen

Personen

(alle sinnvollen Konstellationen; z.B.: Ansprüche des A gegen B; Ansprüche des D gegen A ...)

Objekte

(wenn verschiedene Objekte vorhanden; z.B. Schadensersatz, Surrogat ...)

Ansprüche

(siehe Prüfschema 9)

Wenn umfangreicher erfolgt eine Untergliederung in:

- **Anspruchsgruppen**
  (z.B. Vertrag, Delikt ...)
- **Einzelansprüche**
  (z.B. § 823, § 823 II m. Schutzgesetz ...)

Für die **Reihenfolge** der **Ansprüche** bzw. **Anspruchsgruppen** hat sich ein **logischer Aufbau** herausgestellt, da Ansprüche z.T. aufeinander aufbauen oder sich ausschließen. Es wird folgende Reihenfolge verlangt:

- **vertragliche** Ansprüche / **quasi-vertragliche** Ansprüche / **dingliche** Ansprüche / **deliktische** Ansprüche / **bereicherungsrechtliche** Ansprüche / **Sonstige** Ansprüche

Diese ersten fünf Begriffe bezeichnen also die **wichtigsten Anspruchsgruppen** des BGB in der sinnvollen Reihenfolge ihrer Prüfung. Die Auflistung der **Sonstigen Ansprüche** soll Sie daran erinnern, dass es u.U. noch erbrechtliche, familienrechtliche und auch besonders spezielle Ansprüche (z.B. übergegangene Ansprüche, Gesamtschuldnerausgleich) geben kann.

Zu den **quasi-vertraglichen Ansprüchen** zählen übrigens das Verschulden beim Vertragsschluss (**c.i.c.**) und die Geschäftsführung ohne Auftrag (**GoA**), zu den **Deliktsansprüchen** auch § 7 StVG (Haftung des **KFZ-Halters**).

Das bringt uns zu einem Prüfschema, welches zwar keinen Anspruch auf Vollständigkeit erhebt, jedoch schon sehr weite Bereiche abdeckt.

Prüfschema 9: Ansprüche in der Klausur

- **vertragliche** Ansprüche
  - Erfüllung, Nacherfüllung (Mangelbeseitigung, Nachlieferung)
  - Rückzahlung, Schadensersatz, Aufwendungsersatz
- **quasi-vertragliche** Ansprüche
  - Schadensersatz b. Anfechtung / c.i.c.
  - Haftung d. Vertreters o. Vertretungsmacht / GoA
- **dingliche** Ansprüche
  - Herausgabe, Unterlassung, Berichtigung d. Grundbuchs
  - Schadensersatz, Nutzungsersatz, Verwendungsersatz
- **deliktische** Ansprüche
  - §§ 7, 18 StVG (Gefährdungshaftung b. KFZ) / Produkthaftung (ProdHaftG)
  - §§ 823 ff (§ 823 I / § 823 II m. Schutzgesetz / § 826 / § 831)
- **bereicherungsrechtliche** Ansprüche
  - § 812 (Herausgabeanspruch)
  - § 813 (nach Einrede) / § 816 (Nichtberechtigter) / § 817 (gute Sitten)
- **Sonstige** Ansprüche
  - aus Übergang / Gesamtschuldnerausgleich
  - aus Erbrecht / aus Familienrecht

Prüfen Sie grundsätzlich jede BGB-Klausur nach diesem Schema. In der Reinschrift erscheinen die Anspruchsgruppen natürlich nur, wenn sie nach dem gegebenen Sachverhalt ernsthaft infrage kommen.

Zum Schluss noch einmal Ihre Faustregel für den Klausuraufbau.

Leitsatz 43

Klausuraufbau

Im Zweifel ist die Klausur wie folgt aufzubauen:

- Grundgliederung nach **Personen**
- Untergliederung nach **Ansprüchen**

Wie Sie von diesem Buch am meisten profitieren

Bitte erschrecken Sie nicht, wenn Ihnen an dieser Stelle dringend geraten wird, den vorliegenden Band noch einmal durchzuarbeiten. Der zweite Durchgang dient nicht nur dazu, sich das Gelesene besser einzuprägen, sondern er fördert erfahrungsgemäß auch viele halb- bzw. unverstandene Stellen zu Tage. Gerade bei einem Grundlagen-Lehrbuch wie dem vorliegenden ist eine gründliche Wiederholung unerlässlich.

Bei der zweiten Lesung sollten vor allem die letzten Unklarheiten mit Hilfe zusätzlicher Literatur ausgeräumt werden. Darüber hinaus bietet sich in diesem Rahmen eine gute Gelegenheit, die hier angeschnittenen Probleme weiter zu vertiefen und – angeregt von einem konkreten Fall – die divergierenden Lehrmeinungen kennenzulernen, auf deren Darstellung in einem Einführungswerk naturgemäß verzichtet werden muss.

Zweckmäßig ist es ferner, dabei die erstellten Karteikarten auf Vollständigkeit zu prüfen. Ihre Karteikarten können Sie auch leicht bei sich führen, bei allen möglichen Wartepausen (zwischen den Vorlesungen, in der Bahn, beim Frisör usw.) ansehen und auf diese Weise – gewissermaßen nebenbei – Ihre BGB-Kenntnisse vervollkommnen.

Findet dieses fallorientierte Lernen Ihre Zustimmung? Dann sollten Sie auf weitere Bücher aus der GELBEN SERIE zurückgreifen. Vorzustellen sind hier neben dem BGB-Quartett die Bücher HGB, ZPO und Strafrecht – *leicht gemacht®*.

Ausblick

Damit sind wir am Ende. Sie haben's geschafft.

Prägen Sie sich die Übersichten und Prüfschemata und dieses Bandes ein, sie sind quasi das Gerippe des Gesetzes. Mit ihnen im Hinterkopf können Sie schon sehr viel gewinnen.

Erfassen Sie die Grundgedanken richtig, dann brauchen Sie keine Einzelheiten zu pauken. Viel zu viele verzetteln sich in Details, ohne den Grundgedanken zu erfassen und wundern sich dann, dass sie trotz doppelten und dreifachen Arbeitsaufwandes schlechtere Arbeiten schreiben als manche „faule" Kollegen, die nach einem vernünftigen Studiensystem vorgehen.

In diesem Sinne: Viel Erfolg und gute Noten!

A

B

C

D

E

W

Z

leicht gemacht ®

Zivilrecht

Jura (Basiswissen)
Klausuren schreiben

BGB

Das BGB-Quartett

Allgemeiner Teil des BGB
Schuldrecht AT
Schuldrecht BT
Sachenrecht

Spezial

ZPO
Steuerrecht (BS)
Arztrecht
RVG
IPR

HGB

Das Wirtschafts-Duo

Gesellschaftsrecht
Wirtschaftsrecht

Spezial

Arbeitsrecht
BetrVG
Bankrecht

leicht gemacht ®

Öffentliches Recht

Jura (Basiswissen)
Klausuren schreiben

↓

Staatsrecht

|

Das Verwaltungs-Duo
Verwaltungsrecht
VwGO

|

Spezial
Kommunalrecht
Sozialrecht

Strafrecht

Jura (Basiswissen)
Klausuren schreiben

↓

Die Strafrechtsklausur
Strafrecht

|

Spezial
Steuerstrafrecht